MANUAL DE
# Negociação Complexa

Ameaças, mentiras, insultos...
métodos e técnicas para enfrentar o que vier

**Dados Internacionais de Catalogação na Publicação (CIP)**
**(Jeane Passos de Souza – CRB 8ª/6189)**

Mery, Marwan
    Manual de negociação complexa: ameaças, mentiras, insultos...
métodos e técnicas para enfrentar o que vier / Marwan Mery; prefácio
de Laurent Combalbert; tradução de Tadeu Lorezon – São Paulo: Editora
Senac São Paulo, 2016.

    Título original: Manuel de Négociation Complexe.
    Bibliografia.
    ISBN 978-85-396-1071-6

    1. Administração  2. Negociação  I. Combalbert, Laurent.
II. Lorezon, Tadeu.  III. Título.

16-391s
                          CDD-658.405
                          BISAC BUS047000

**Índice para catálogo sistemático:**
**1. Negociação : Administração**      **658.405**

**MARWAN MERY**
Com prefácio de Laurent Combalbert

# MANUAL DE
# Negociação
# Complexa

### Ameaças, mentiras, insultos...
### métodos e técnicas para enfrentar o que vier

Tradução | Tadeu Lorenzon

Editora Senac São Paulo – São Paulo – 2016

ADMINISTRAÇÃO REGIONAL DO SENAC NO ESTADO DE SÃO PAULO
*Presidente do Conselho Regional:* Abram Szajman
*Diretor do Departamento Regional:* Luiz Francisco de A. Salgado
*Superintendente Universitário e de Desenvolvimento:* Luiz Carlos Dourado

EDITORA SENAC SÃO PAULO
*Conselho Editorial:* Luiz Francisco de A. Salgado
Luiz Carlos Dourado
Darcio Sayad Maia
Lucila Mara Sbrana Sciotti
Jeane Passos de Souza

*Gerente/Publisher:* Jeane Passos de Souza (jpassos@sp.senac.br)
*Coordenação Editorial:* Márcia Cavalheiro Rodrigues de Almeida (mcavalhe@sp.senac.br)
*Comercial:* Marcelo Nogueira da Silva (marcelo.nsilva@sp.senac.br)
*Administrativo:* Luís Américo Tousi Botelho (luis.tbotelho@sp.senac.br)

*Edição e Preparação de Texto:* Adalberto Luís de Oliveira
*Revisão de Texto:* Gabriela L. Adami (coord.), Rhodner Paiva
*Capa e Projeto Gráfico:* Marcio S. Barreto
*Ilustração da Capa:* iStock
*Impressão e Acabamento:* Art Printer Gráficos Ltda.

Título original: *Manuel de Négociation Complexe*
Publicado mediante acordo com o Groupe Eyrolles
© 2013 Groupe Eyrolles, Paris, França
Groupe Eyrolles, 61 boulevard Saint-Germain, 75005 Paris – França

Nenhuma parte desta publicação poderá ser reproduzida, guardada pelo sistema "retrieval"
ou transmitida de qualquer modo ou por qualquer outro meio, seja este eletrônico,
mecânico, de fotocópia, de gravação, ou outros, sem prévia autorização, por escrito,
da Editora Senac São Paulo.

Todos os direitos desta edição reservados à
*Editora Senac São Paulo*
Rua 24 de Maio, 208 – 3º andar – Centro – CEP 01041-000
Caixa Postal 1120 – CEP 01032-970 – São Paulo – SP
Tel. (11) 2187-4450 – Fax (11) 2187-4486
E-mail: editora@sp.senac.br
Home page: http://www.editorasenacsp.com.br

Edição brasileira © Editora Senac São Paulo, 2016

# SUMÁRIO

| | |
|---|---|
| Nota da edição brasileira | 11 |
| Prefácio, Laurent Combalbert | 13 |
| Apresentação | 17 |
| **Capítulo 1 – As relações interpessoais** | **23** |
| Especialidades | 23 |
| Negociação | 24 |
| Venda | 24 |
| Mediação | 25 |
| Negociação complexa | 25 |
| Principais teorias da resolução de conflitos | 26 |
| Evitação | 27 |
| Submissão | 27 |
| "Esperar para ver" | 27 |
| Passagem forçada | 28 |
| Negociação | 28 |
| Mediação | 28 |
| Lei | 29 |

**Capítulo 2 – Os ingredientes necessários**    **31**

Qualidades necessárias    31

   Empatia    32

   Autocontrole    32

   Humildade    33

   Criatividade    33

   Resiliência    34

   Fluência verbal    34

   Intuição    35

   Lógica    35

Fatores de sucesso    36

   Condicionamento    36

   Otimismo    38

   Dissociação    38

   Espírito de equipe    39

Fatores motivacionais    40

   Autonomia    41

   Desenvolvimento    41

   Significado    42

   Identificação com o objetivo    42

Escala de domínio    42

**Capítulo 3 – A metodologia**    **45**

Princípios básicos    45

   Quem toma decisão não negocia    46

   Ceder sem contrapartida, jamais!    48

   Quem pergunta conduz a negociação    49

   Na guerra de posição, o argumento é a munição    49

   Conceder não melhora a relação    50

| | |
|---|---|
| A resposta mora no problema | 51 |
| É proibido mentir | 52 |
| Quem se apropria muda | 52 |
| A palavra não diz tudo | 53 |
| A preparação | 54 |
| Panorama da situação | 55 |
| Redação dos meus parâmetros de negociação | 66 |
| Equilíbrio da relação de forças | 71 |
| Planejamento estratégico | 77 |
| Alinhamento tático | 84 |
| A condução | 87 |
| Construção de um contexto favorável | 87 |
| Condução técnica | 96 |
| Condução emocional | 104 |
| Jogo de posições | 106 |
| Intuição | 109 |
| Entraves à relação | 111 |
| O fechamento | 120 |
| Simplificar as coisas | 120 |
| Garantir o entendimento | 121 |
| Obter um compromisso firme | 121 |
| Garantir a aplicação correta | 122 |
| **Capítulo 4 – Os fatores de complexidade** | **123** |
| A ameaça | 124 |
| Definição | 124 |
| Tipos | 124 |
| Funções | 125 |
| O que fazer | 126 |
| O que evitar | 127 |

| | |
|---|---:|
| O ultimato | 129 |
| Definição | 129 |
| Tipos | 129 |
| Funções | 130 |
| O que fazer | 130 |
| O que evitar | 131 |
| O insulto | 132 |
| Definição | 132 |
| Tipos | 132 |
| Funções | 133 |
| O que fazer | 134 |
| O que evitar | 135 |
| A mentira | 136 |
| Definição | 136 |
| Funções | 136 |
| O que fazer | 137 |
| O que evitar | 138 |
| O extravasamento emocional | 140 |
| Definição | 140 |
| Consequências | 140 |
| O que fazer | 140 |
| O que evitar | 141 |
| A demanda irracional | 143 |
| Definição | 143 |
| Funções | 143 |
| O que fazer | 144 |
| O que evitar | 146 |
| A multiplicidade de interlocutores | 147 |
| Definição | 147 |

| | |
|---|---|
| Funções | 147 |
| O que fazer | 148 |
| O que evitar | 149 |
| As personalidades patológicas | 150 |
| Definição | 150 |
| Gestão de personalidades patológicas | 150 |
| A recusa em negociar | 156 |
| Definição | 156 |
| Funções | 156 |
| O que fazer | 156 |
| O que evitar | 159 |
| As negociações impossíveis | 160 |
| Técnicas menores de desestabilização | 163 |
| Menino bom/menino mau | 163 |
| Fatores materiais | 165 |
| Ataques pessoais | 166 |
| Efeito Columbo | 167 |
| Instância superior | 169 |
| O "salame" | 170 |
| Compra hipotética | 171 |
| Equívoco oportuno | 172 |
| Comparação com a concorrência | 173 |
| Intimidações marginais | 174 |
| **Conclusão** | **175** |
| **Bibliografia** | **177** |
| **Índice remissivo** | **179** |

# NOTA DA
# EDIÇÃO BRASILEIRA

A IMAGEM DO NEGOCIADOR TEM SE TORNADO cada vez mais importante, em tempos de crise, nos mais diversos setores da sociedade. Saber lidar com as pressões durante uma negociação exige preparo, tanto no nível técnico quanto no nível psicológico.

Afinal, o negociador está diante de um interlocutor que pode apresentar argumentos ou atitudes não muito claros, seja por falta de seu próprio equilíbrio emocional frente à situação que se delineia, seja por uso consciente de estratégias inibidoras do processo de negociação, a fim de obter maiores vantagens conciliatórias.

Manipulações, blefes, ameaças, ultimatos, mentiras, extravasamentos emocionais, exaltação de ego... até mesmo insultos, má-fé e chantagens podem constituir o clima em que se processa uma negociação.

Este lançamento do Senac São Paulo visa oferecer subsídios importantes para os profissionais que buscam promover um entendimento entre posições divergentes por meio de uma solução que satisfaça as partes em conflito. E, para isso, o negociador deve mergulhar em sua própria potencialidade, munido de instrumentos eficazes para a tarefa a que se propõe.

# PREFÁCIO

TANTO NO AMBIENTE RESTRITO DAS EMPRESAS quanto no universo mais amplo da economia e da geopolítica, o contexto das negociações foi bastante modificado a partir da última década. A multiplicação das partes interessadas, a proliferação dos interesses escusos, as posições cada vez mais irracionais, o emprego de métodos desleais, o uso de mecanismos de pressão, o aperto dos prazos e a distorção dos processos de tomada de decisão são fatores que camuflam e embaraçam as abordagens tradicionais da negociação. Ingressamos em uma nova era, a das negociações complexas.

No início dos anos 2000, sempre que eu mencionava a ideia de negociação complexa em cursos ou treinamentos de negociadores, os participantes me olhavam espantados, pois acreditavam que negociação não passa de um conjunto de boas práticas e receitas. Infelizmente, a última década mostrou que eu estava com a razão. Basta conversar com qualquer negociador de empresa para perceber que seu trabalho nunca foi tão complexo como agora. O que não deixa de ser uma coisa boa! Esse contexto realmente propicia grandes oportunidades e desafios, de modo que nos próximos anos a atividade de negociador sofrerá profundas mudanças de perspectiva.

- A complexidade é o terreno ideal para oportunidades: os que perceberem as mudanças de paradigma e considerarem a incerteza como uma vantagem operacional estarão sempre um passo à frente. Existem duas maneiras de gerenciar a complexidade: uma é fechar-se em si mesmo e esperar que ela passe. Aos que escolherem esse caminho, só posso desejar "boa sorte". A outra consiste em transformar as limitações em oportunidades, isto é, admitir que não podemos controlar tudo e nos concentrar nas cartas que temos nas mãos, tirando delas o máximo proveito.

- A negociação vai se profissionalizar: o recurso aos referenciais pragmáticos, a valorização da experiência adquirida, a capacidade de absorver os erros cometidos como vetores de força serão as qualidades essenciais para aqueles que desejam aprimorar continuamente suas competências. Existem negociadores profissionais, capazes de resolver as situações mais difíceis, e no futuro serão eles os ativos mais valiosos das empresas, agindo como uma espécie de diplomatas privados, conscientes dos problemas relacionados à sua missão.

Prefácio 15

- Mais do que nunca, a negociação será um fator de criação de valor: em tempos de crise, as margens serão mantidas, ou até aumentadas, pelos negociadores. Dentro de um contexto em que todos tentam manter suas posições, como em uma verdadeira guerra de trincheiras, os negociadores serão agentes da "coopetição", quer dizer, os encarregados da tarefa de contemplar os interesses de todas as partes.

- Trata-se da afirmação do elemento humano no cerne do sistema: as técnicas de negociação se voltarão radicalmente para a psicologia e o fator humano; a análise comportamental será ensinada nas escolas de administração; as técnicas de escuta eficaz serão parte fundamental da competência dos gerentes. Em ambientes altamente estressantes, a aceitação das emoções e a capacidade de reconhecê-las e gerenciá-las serão atitudes indispensáveis e valorizadas.

Nesse contexto tão complexo e tão propício ao surgimento da profissionalização da atividade de negociador, meu encontro com Marwan Mery foi uma revelação. Como bons profissionais, nós nos encontramos para falar de... negociação. Reconheci imediatamente em Marwan um especialista aguerrido, obstinado por conhecimento, ávido pela prática, sempre atento aos detalhes que fazem a diferença. Depois fiquei admirado com o conhecimento que ele tem das pessoas e com seu domínio natural dos fatores psicológicos de relacionamento e influência. Além disso, pude apreciar a altíssima qualidade de sua relação com os interlocutores, de seu amor pelos outros, sem o qual um negociador é incapaz de exercer plenamente sua atividade. Finalmente, fui conquistado por seu desejo de transmitir, de compartilhar sem reservas o seu conhecimento, bem como por sua capacidade de ouvir as experiências dos outros.

Eu acreditava que já tinha lido tudo sobre o tema da negociação e esgotado o assunto. Estava enganado. Este *Manual de negociação complexa* é um manancial de informações, referências e práticas operacionais destinado a fazer de todo leitor um praticante competente das negociações do futuro.

*Laurent Combalbert*

Ex-negociador do Raid, grupo tático de combate ao terrorismo da polícia francesa, e fundador e líder da rede Ulysceo

# APRESENTAÇÃO

O S TEMPOS MUDAM.

O mundo que conhecíamos tornou-se consideravelmente complexo em questão de décadas: interdependência econômica, instabilidade das bolsas de valores, sucessivas greves, concorrência leal acirrada, concorrência desleal disfarçada, objetivos imediatistas, medo do desemprego, catástrofes naturais, avanço inimaginável das tecnologias, pressões das chefias, etc.

Todos esses fatores influenciam nosso cotidiano e determinam não apenas as nossas decisões, mas também nossas atitudes.

Nesse contexto, as negociações comerciais, sociais, diplomáticas, econômicas e até políticas tornam-se a cada dia mais duras no nível dos acontecimentos e dos objetivos. Os litígios geram guerras de posições que corrompem as relações e obscurecem a percepção.

O resultado disso tudo é que as respostas de antigamente já não são tão eficazes hoje em dia. Fazendo uma analogia simples: era mais fácil negociar durante o *boom* econômico dos trinta anos pós-Segunda Guerra, quando se tratava de dividir o bolo que crescia, do que nos dias de hoje, quando suas fatias andam mais finas do que papel-bíblia.

Desse modo, são necessárias outras respostas, mais adequadas para enfrentar os fatores que dotam de complexidade as novas negociações: ameaças, ultimatos, mentiras, ego, extravasamentos emocionais, blefes, manipulações, personalidades patológicas, insultos, má-fé, chantagens, incertezas, etc.

Essa é precisamente a função deste livro: fornecer aos negociadores ferramentas eficazes para gerenciar a complexidade sem sofrimento.

*Marwan Mery*

## ADVERTÊNCIA SOBRE GÊNERO

Por questões de simplificação para o leitor e de coerência global do trabalho, "negociador" será sempre empregado no masculino. Trata-se apenas de um termo genérico que abarca todas as negociadoras e todos os negociadores, sem diferença de sexo.

## ADVERTÊNCIAS SOBRE A TERMINOLOGIA

O negociador será sempre designado pelo termo "negociador".

O interlocutor do negociador será sempre mencionado como "interlocutor" "parte contrária", "o outro", "indivíduo", etc.

A todos os que **acreditam**
que o **insucesso** vem
da **complexidade**...

# Capítulo 1
# AS RELAÇÕES INTERPESSOAIS

## ESPECIALIDADES

PRIMEIRO, É PRECISO ESCLARECER ALGUMAS noções básicas.

Todos nós negociamos no dia a dia. Até certo ponto, é claro, mas negociamos. No entanto, a "Negociação", com "N" maiúsculo, é um termo altamente banalizado por uma simples razão: trata-se de uma habilidade de alto valor agregado. E muitos acariciam o próprio ego dizendo-se "negociadores". Em muitos casos, porém, não é negociação que fazemos. Estamos simplesmente vendendo (sem nenhum julgamento pejorativo, é claro), intercedendo por alguém de alguma forma ou, ainda, fazendo as vezes de mediador.

Seguem algumas definições úteis para delimitar as fronteiras, às vezes tão tênues, de especialidades diversas que se nutrem do mesmo alimento: as relações interpessoais.

## Negociação

A negociação é um procedimento técnico destinado a promover um entendimento entre posições divergentes por meio de uma solução que satisfaça as partes em conflito.

Existe negociação quando, em uma situação caracterizada por litígios declarados ou latentes, as partes em conflito se empenham, de maneira mais ou menos voluntária, para chegar a um acordo.

É precisamente essa noção de confronto em torno de determinado assunto que demanda a utilização do método adequado: a negociação.

## Venda

A venda é uma técnica que tem como objetivo trazer à tona as necessidades da outra parte, a fim de mostrar como o produto ou serviço que oferecemos satisfaz suas expectativas.

Ao contrário da negociação, aqui não existe a noção de confronto, pelo menos inicialmente. Costuma-se dizer que, quando a venda fracassa, tem início a negociação – negociação esta que será empreendida com o uso de métodos adequados para lidar com a nova situação.

As melhores vendas são aquelas que não deixam margem para a negociação. Mas essas são raras, pois não dependem exclusivamente da habilidade do vendedor.

A venda é, portanto, um impulso proativo, enquanto a negociação é uma atividade reativa.

Mas será que alguém pode ser, ao mesmo tempo, bom vendedor e mau negociador? Sim, e infelizmente é o caso mais comum, por uma simples razão: o vendedor muitas vezes utiliza técnicas de venda para resolver uma situação que requer ferramentas de negociação.

E pode acontecer de alguém ser bom negociador e mau vendedor? Também é possível, mas, nesse caso, trata-se de um perfil mais raro e difícil de explicar.

## Mediação

A mediação é uma atividade que requer a intervenção imparcial de um terceiro indivíduo, capaz de entender a situação em pauta e oferecer uma solução às partes interessadas em prol do interesse comum.

Ao contrário da negociação, em que o negociador representa os interesses de uma das partes, o mediador é neutro e age em prol da unidade do grupo. Os grandes mediadores distinguem-se por suas competências relacionais e didáticas na área da resolução de conflitos.

## Negociação complexa

A negociação complexa é um método composto por uma série de técnicas que permitem enfrentar e resolver situações altamente desafiadoras e desestabilizadoras. Recorre, para esse fim, aos fundamentos da negociação e da mediação.

Diversas camadas dispõem-se sobre esses fundamentos como num doce "mil-folhas". Tais camadas correspondem a soluções específicas para lidar com cada um dos fatores de complexidade que deterioram, intencionalmente ou não, as relações interpessoais: ameaças, ultimatos, escolhas impossíveis, blefes, mentiras, incertezas, imediatismos, insultos, personalidades patológicas, extravasamentos emocionais, recusa em negociar, etc.

Além dos aspectos técnicos, a negociação complexa também recorre a competências psicológicas determinantes para a resolução de conflitos: ventilação de emoções, leitura comportamental, ferramentas avançadas de comunicação influente (programação neurolinguística, hipnose ericksoniana, análise transacional) e análise dos entraves cognitivos à relação interpessoal.

Em uma situação complexa, negociar é algo que não permite improvisos. Pelo contrário, os negociadores mais ágeis e eficientes na arte de lidar com situações de incerteza apresentam a mesma característica: são preparados e estão munidos das ferramentas necessárias.

# PRINCIPAIS TEORIAS DA RESOLUÇÃO DE CONFLITOS

A literatura especializada insistiu demais nos princípios centrais da negociação. Mas, apesar de sua natureza comumente acadêmica, e às vezes até maniqueísta, tais teorias têm pelo menos a vantagem de levar a reflexão para além dos limites da simples prática da negociação.

Existem várias posições que podem ser assumidas diante de um conflito.

## Evitação

A primeira é a evitação ou fuga. Quando o conflito assume uma dimensão quase intolerável, o indivíduo prefere se distanciar. Em geral, é o medo ou a falta de habilidade técnica para lidar com o conflito que determina essa postura ressentida. A consequência direta é, obviamente, a tomada de poder pela parte contrária.

## Submissão

A segunda possibilidade, não menos degradante, é a submissão. Motivada pelo medo ou pela necessidade de reconhecimento, a submissão gera uma relação do tipo senhor-escravo, na qual o sujeitado existirá somente diante da presença e das ações do outro. Esse fenômeno é psicologicamente destrutivo quando o sujeito não tem consciência da alteração do seu estado.

## "Esperar para ver"

Deixar de escolher significa aceitar a escolha do outro. Certos conflitos, declarados ou latentes, pedem uma rápida tomada de decisão. Não escolher, seja por medo de estar errado, seja pela complexidade do problema, é um ato de renúncia e aceitação da situação. Não obstante, "esperar para ver" também pode ser uma tática dentro de determinadas estratégias de negociação.

# Passagem forçada

Ao contrário da submissão, a passagem forçada é uma reação ostensiva, frequentemente associada à noção de arrogância ou ego. Prioriza o resultado quantitativo em detrimento da relação empática. A realidade do outro não é levada em conta. Ainda que permita resolver determinados conflitos, na maioria das vezes acaba prejudicando a construção de vínculos permanentes. Sua utilização, geralmente, limita-se a uma única oportunidade.

# Negociação

A negociação permite chegar a um acordo, qualquer que seja a natureza de um litígio, levando em consideração a situação de cada parte. É de longe a opção mais eficaz, pois, sendo bem-sucedida, não só pode oferecer uma solução satisfatória para o conflito, como também estabelecer um vínculo duradouro entre as partes.

# Mediação

Quando ocorre um impasse na negociação e as pontes de diálogo são rompidas, a mediação às vezes pode tomar o lugar da negociação, pela intervenção de um terceiro, neutro em relação à situação. Há numerosos exemplos disso na resolução de conflitos sociais e políticos.

# Lei

Às vezes, quando uma das partes se sente lesada, ou quando os meios utilizados transgridem a legislação, o recurso a um tribunal competente pode permitir o reparo de certas injustiças. Contudo, mesmo sendo eventualmente necessário, esse recurso quase sempre representa um "beco sem saída", porque, independentemente do resultado, a relação estará comprometida.

Essas diversas opções de gestão de conflitos, esquematizadas na figura 1 adiante, manifestam-se naturalmente em três principais estilos de negociação, classificados como "3 As":

- **A**utoritário: estilo que engloba o uso da passagem forçada e da lei. O objetivo é satisfazer os próprios interesses em detrimento do outro;

- **A**ssociativo: a realidade do outro é considerada no contexto da resolução do conflito. É a base comum da negociação e da mediação;

- **A**ceitativo: a postura adotada prioriza a escolha do outro. É a total negação da proatividade em favor da submissão, da evitação e do esperar para ver.

Naturalmente, o problema desses princípios é que omitem os detalhes. As negociações são, por definição, "mutáveis", o que suscita antes de tudo uma necessidade de adaptação. E a capacidade de adaptação só é possível com variação de estilo e comportamento. Não existe um estilo certo para dada situação, mas, sim, diferentes tonalidades de estilo a ser adotadas segundo os critérios que definem cada contexto.

Figura 1. Gestão de conflitos

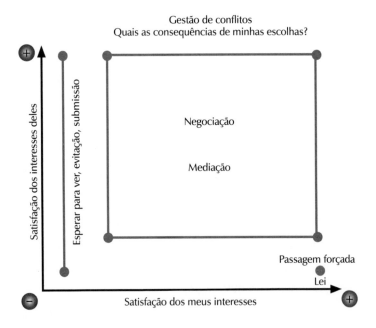

# Capítulo 2
# OS INGREDIENTES NECESSÁRIOS

NÃO EXISTE RECEITA MILAGROSA PARA SE tornar um bom negociador. No entanto, os melhores negociadores têm em comum competências e habilidades que constituem os pontos fortes para o cumprimento de sua missão.

A negociação é acima de tudo um trabalho sobre si mesmo, e não sobre o outro. A chave do sucesso está na vontade e na capacidade de cada negociador de mergulhar no seu íntimo e de lá extrair, e então transformar, a matéria necessária. Por isso é tão signficativa a frase proverbial: "Uma pessoa não nasce negociadora, ela se torna uma".

## QUALIDADES NECESSÁRIAS

As qualidades relacionadas a seguir devem ser vistas como trunfos do negociador por dois principais motivos:

por um lado, porque ajudam a conferir a credibilidade e a legitimidade de que ele necessita e, por outro, porque facilitam o relacionamento interpessoal.

Não possuir todas essas qualidades ao mesmo tempo não chega a ser um obstáculo instransponível para o exercício da atividade, mas a ausência de cada uma delas pesará duramente tanto sobre o negociador quanto sobre a negociação.

## Empatia

A primeira virtude é, sem sombra de dúvida, a empatia – ou a capacidade de se colocar no lugar do interlocutor para entender os sentimentos e as emoções que o afetam. Sem empatia, a relação fica restrita ao nível social, encobrindo totalmente o nível psicológico.

A empatia é a condição necessária para criar vínculo com o interlocutor. Existem numerosas técnicas chamadas "empáticas", verbais e não verbais, destinadas a facilitar relacionamentos. A obra de Carl Rogers, psicólogo norte-americano do século XX, contribuiu grandemente para promover a utilização da empatia tanto no âmbito terapêutico quanto nas relações conflituosas.

## Autocontrole

O autocontrole é fundamental para manter o vínculo e agir com lucidez. É preciso lidar com o estresse, controlar a raiva, ventilar o medo, pacificar o ego, pois esses são estados que costumam atrapalhar bastante as relações. O negociador tem de mostrar firmeza psicológica para conduzir a negociação com serenidade e tranquilizar a parte contrária. Todos nós, naturalmente, estamos muito mais propensos a depositar confiança em gente calma e sensata do que em pessoas que tendem à agitação ou a comportamentos instáveis.

## Humildade

A humildade, em negociação, muitas vezes se traduz da seguinte maneira: "Ego posto de lado, negócio fechado". Os negociadores, sobretudo em situações que envolvem grandes desafios, estão, por definição, no centro das atenções. Ser alvo de todos os olhares, suportar pressões e receber felicitações efusivas após a conclusão de um acordo são fatores decisivos para o surgimento da arrogância, que pode ofuscar a prudência da humildade.

Sem humildade, a relação empática desaparece, o ego se enche de empáfia, a crítica construtiva "vai para o ralo" e o objetivo se torna nebuloso.

## Criatividade

Nunca existe, absolutamente, uma única solução para um problema.

Compete ao negociador encontrar soluções inovadoras para enfrentar a complexidade. Atributo essencial para superar as diferenças de posição ou de interesses, a criatividade permite encaminhar o conflito para soluções que potencialmente satisfaçam todas as partes interessadas. Sem criatividade, o negociador acaba andando em círculos, especialmente em situações críticas, pois fica incapacitado de vislumbrar soluções para um litígio.

# Resiliência

Resiliência é a capacidade de suportar as atribulações e dificuldades que atrapalham o seguimento da vida ou, mais especificamente, das negociações. Cada atribulação superada permite o fortalecimento da confiança. As negociações mais difíceis provocam instabilidade, às vezes até desmotivação; contudo, são altamente necessárias no processo de aprendizado, pois ajudam a acumular experiência. Ninguém pode encarar uma negociação complexa sem já ter carregado o seu fardo na trilha das negociações. Primeiro é preciso cair, para depois se reerguer.

# Fluência verbal

Vocabulário rico, entonação harmoniosa, preocupação com o uso da palavra exata e boa dicção são os dispositivos da fluência verbal. Não se trata, porém, de impressionar o interlocutor com um palavreado obscuro, como faziam certos sofistas da Grécia Antiga. Muito pelo contrário, do ponto de vista do negociador, tais atributos devem funcionar como ferramentas de adequação e reconhecimento mútuo com o interlocutor. Só é possível alcançar proximidade com o interlocutor quando o negociador consegue adaptar seu modo de se comunicar ao dele.

## Intuição

Precisamente como a criatividade, a intuição também tem base na experiência. Nas situações mais críticas, a razão costuma dar lugar à intuição, de modo que o negociador, conscientemente ou não, compara sua situação presente com as passadas na hora de tomar uma decisão. Em contextos que exigem uma resposta rápida, a intuição "protege" o negociador, permitindo-lhe uma reação instantânea, sem passar por nenhum processo cognitivo em particular.

## Lógica

Algumas negociações são complexas por causa de sua natureza técnica. Sem uma compreensão global e minuciosa do caso, o negociador perde toda a credibilidade e a legitimidade – e é aí que involuntariamente cede espaço à parte contrária. O bom senso, no sentido amplo do termo, que reúne o espírito analítico, o espírito crítico e o espírito de síntese, também é necessário para a criatividade, uma vez que ajuda a criar soluções inovadoras para o problema enfrentado. Sem bom senso, nossas propostas se tornam impróprias e objeto de descrédito por parte dos interlocutores.

Quando devidamente combinadas, essas qualidades permitem ao negociador desenvolver uma habilidade única: a adaptabilidade. Na negociação, cada situação é única e requer, acima de tudo, ajustes apropriados. Quase sempre o erro está em querer simplesmente reproduzir, na situação atual, um modelo que deu certo em determinado contexto. A consideração de todos os parâmetros que definem o cenário da negociação sempre revela variações específicas, e é a adaptabilidade que ajudará o negociador a dar uma resposta efetiva a essas particularidades.

# FATORES DE SUCESSO

As qualidades descritas acima permitem sobretudo que o negociador se torne mais consistente em suas negociações. Mas isso não é suficiente. A criação de um ambiente propício como pano de fundo é essencial para o êxito de sua missão. Para isso, contribuem quatro fatores importantes: o condicionamento, o otimismo, a dissociação e o espírito de equipe.

## Condicionamento

O condicionamento implica a crença no sucesso, mesmo quando ninguém mais tem esperança de alcançá-lo. Condicionar-se, ou seja, convencer-se de que é possível ser bem-sucedido nas situações mais críticas aumenta consideravelmente as chances de ter êxito.

O sociólogo Robert K. Merton evidenciou o fenômeno psicológico do condicionamento propondo o conceito de "profecia autorrealizável" (*self-fulfilling prophecy*).[1] Quando fazemos uma previsão, adequamos nosso comportamento de modo a favorecer sua concretização. Quer dizer, descartamos todos os elementos que possam impedir sua realização. E vice-versa. Ser derrotista só atrai a derrota.

O pressuposto aqui, naturalmente, é a necessidade de acreditar no objetivo autodeterminado.

O efeito Pigmaleão,[2] descoberto pelo psicólogo norte--americano Robert Rosenthal, é particularmente ilustrativo neste caso. Trata-se de uma experiência em que Rosenthal reuniu dois grupos de seis alunos para avaliar se dois grupos de ratos seriam capazes de sair de um labirinto. Ele apresentou os ratos do primeiro grupo como excepcionalmente bem-dotados do ponto de vista genético e os do segundo grupo como ratos normais. O resultado não poderia ser mais conclusivo: os ratos do grupo 1 mostraram-se de fato muito mais competentes que os ratos do grupo 2, no qual alguns nem sequer saíram da linha de partida. Acontece que Rosenthal não contou a seus alunos que todos os ratinhos foram selecionados aleatoriamente. Eram todos ratos normais. Então, o que tornou possível esse resultado? Apenas o fato de os ratos do grupo 1 terem recebido muito

---

[1] Robert K. Merton, *Social Theory and Social Structure* (Nova York: Free Press, 1949).

[2] Robert Rosenthal & Lenore F. Jacobson, "Teacher Expectations for the Disadvantaged", em *Scientific American*, vol. 218, n⁰ 4, abril de 1968.

mais incentivo, atenção, carinho e afeto. Os alunos simplesmente acreditaram nas pretensas supercapacidades deles.

Nas negociações complexas, esse condicionamento é o primeiro passo para o sucesso.

## Otimismo

Ser otimista é acreditar na espécie humana. As negociações complexas comportam sua parcela de personalidades complicadas ou até psiquicamente abaladas, e nem sempre estamos muito dispostos a deliberar antes de condenar. Contudo, sempre há um lado bom em todo ser humano, mesmo que, muitas vezes, esteja escondido em profundezas abissais. Cabe ao negociador fazer emergir essa parte submersa, não só para criar vínculos, mas também para deixar claro ao interlocutor que a solução se encontra nele mesmo. As técnicas terapêuticas de mudança comportamental, principalmente na hipnose ericksoniana, não podem ser iniciadas a menos que o terapeuta esteja convencido de que os recursos necessários para a resolução do problema residam no interior do próprio paciente.

A expressão popular "ver o copo meio cheio", embora tão desgastada, constitui um verdadeiro fator motivacional para resolver as situações mais extremas.

## Dissociação

Toda situação de grande desafio redunda em forte envolvimento pessoal.

Essa situação comporta grande risco de distúrbio psicológico quando o negociador resolve carregar nas costas a causa que negocia. Consequentemente, os comportamentos se tornam extremos, transformando, por exemplo, a empatia em simpatia ou a assertividade em agressividade. Desaparece de vez a distância entre o conflito e o negociador.

A dissociação, também denominada "clivagem" por Christophe Caupenne,[3] é a capacidade de manter-se à parte do conflito, mas conservando, ao mesmo tempo, um forte envolvimento – sem incorrer, portanto, em negligência.

Existem inúmeros métodos para conseguir isso, entre eles os utilizados na ventilação das emoções.

Do mesmo modo que um cirurgião procede ao operar uma criança, o negociador precisa distanciar-se da situação para preservar o controle emocional, sem deixar de agir com profissionalismo.

# Espírito de equipe

*If you want to go fast, go alone. If you want to go far, go together.**

Nem os maratonistas correm sozinhos: é um trabalho de equipe do começo ao fim. A negociação não é uma exceção à regra. Ainda que muitas vezes o negociador possa estar sozinho diante dos holofotes, uma infinidade de atores

---

[3] Christophe Caupenne, *Négociateur au RAID* (Paris: Le Cherche-Midi, 2009).
* "Se quiser ir depressa, vá sozinho. Se quiser ir longe, vamos juntos". (N. T.)

gravita em torno dele: o tomador de decisão, o empregador, os consultores, os técnicos, os patrocinadores, os negociadores de apoio, etc.

Cada organização tem sua própria estrutura. Mas é o espírito de equipe que consolida as relações no interior de um grupo.

# FATORES MOTIVACIONAIS

Sempre que abordamos a questão dos fatores motivacionais, tendemos a pensar em dinheiro. O que realmente não deixa de ser um fator importante, pois quem trabalha quer ser pago.

Contudo, a expectativa de compensação financeira provoca, constantemente, o efeito contrário: perda de motivação. Pela simples razão de que o indivíduo tende a direcionar todos os seus esforços em prol da compensação, em detrimento do objetivo e até da moralidade, escolhendo o caminho mais curto para a satisfação dos seus interesses.

Do mesmo modo, frequentemente assistimos a afirmação do fenômeno da "dependência", segundo o qual todo esforço precisa ser financeiramente remunerado, e o da "tolerância gradual", segundo o qual a remuneração precisa ser cada vez mais alta. Quem dá dinheiro ao filho para lavar o carro sabe muito bem como é provável que ele nunca o faça de novo sem negociar um pagamento.

Os quatro fatores que determinam uma motivação mais "nobre" são: autonomia, desenvolvimento, compromisso com o significado e identificação com o objetivo.

## Autonomia

Como acertadamente assinala Daniel H. Pink, "somos por natureza jogadores, não peões".[4] Precisamos de espaço tanto para criar como para nos expressar. Ainda que toda missão imponha seus limites, é essencial que o negociador tenha liberdade para atuar no interior desses limites. Para isso, ele não deve ser obrigado a utilizar palavras ou frases feitas, nem a adotar um modo de se comunicar que não seja o dele próprio, muito menos a empregar técnicas de preparação que lhe sejam inadequadas. Nada de emprestar a roupa dos outros, pois ela ficará justa ou larga demais.

A autonomia é um primeiro sinal de reconhecimento, favorecendo o envolvimento pessoal.

## Desenvolvimento

Todos nós temos potenciais inexplorados, prontos para contribuir com o nosso crescimento tão logo se arrisquem a vir à tona. O desenvolvimento do negociador demanda a aquisição de novas competências e o aprendizado pela experiência, pelo contato com pessoas diferentes ou até mesmo por meio de descobertas inesperadas. Esse espírito deve permanecer vivo tanto no negociador quanto em seu chefe, que, idealmente, deve lhe servir de modelo inspirador.

---

[4] Daniel H. Pink, *La vérité sur ce qui nous motive* (Paris: Leduc.s, 2011).

## Significado

É dando significado a uma guerra que os generais elevam o moral de suas tropas. A satisfação não está na simples conquista de um objetivo, mas na disposição de alcançá-lo. Aí, o envolvimento se torna mais forte, mobilizando recursos até então adormecidos. O negociador será tão menos eficaz quanto menos consciência tiver da importância dos seus atos.

## Identificação com o objetivo

Objetivos ambiciosos estimulam a motivação. Objetivos irrealistas provocam o efeito contrário. Quanto antes o negociador for envolvido no processo de definição dos objetivos, mais se identificará com eles. Trata-se do fenômeno psicológico da apropriação, em que o negociador se apossa do objetivo, sem relação de obrigação.

## ESCALA DE DOMÍNIO

As pessoas que desejam serenamente aprofundar seu trabalho com situações complexas *não se formam* em negociação. Elas *se tornam* negociadoras. A demarcação da fronteira entre uma coisa e outra pode parecer nebulosa, mas indispensável para entender o que é lidar com a complexidade.

A escala de domínio gradual oferece uma visualização clara das etapas que é preciso cumprir para ajustar nosso comportamento às novas atribuições.

O primeiro passo consiste em *ignorar*. Apenas isto: ignorar completamente as técnicas de negociação complexa. Trata-se, de certa forma, de começar do térreo, do nível zero, o que é essencial quando se quer partir de um terreno sólido.

O nível seguinte é *saber*. Nesta etapa, o indivíduo passa a dedicar especial atenção às técnicas de negociação complexa, a fim de familiarizar-se com elas. Nesse momento, ele adquire um sentido geral de conhecimento, sem no entanto dominar exaustivamente nenhuma técnica.

O próximo passo é *dizer*. Naturalmente, começa-se a repetir o que foi aprendido. É um processo básico do aprendizado. Nesse nível, não há uma verdadeira assimilação das novas técnicas.

A quarta etapa leva ao *fazer*. Essa é, sem dúvida, a fase mais difícil de ultrapassar, pois, sendo as técnicas em sua maioria antinaturais, o sistema límbico age no sentido de bloquear no cérebro qualquer aprendizado novo, gerando comportamentos automáticos. E é aí que o indivíduo começa a trabalhar sobre si mesmo.

Finalmente, o quinto e último passo permite *ser*. As novas técnicas foram totalmente absorvidas, tornaram-se naturais, sem passar por nenhum processo cognitivo em particular. É precisamente nesse momento que descobrimos que não *fazemos* negociação, mas, sim, que *somos* negociadores.

Para se tornar um negociador, é preciso eliminar certos reflexos arraigados, abrindo caminho para novos comportamentos, mais adequados à gestão da complexidade. Convém, por conseguinte, passar de um estado rígido, de resistência à mudança, suscitado pelo peso da experiência e da educação, para um estado maleável, mais propenso à absorção de novas atitudes.

Figura 2. Escala de domínio

# Capítulo 3
# A METODOLOGIA

EM NEGOCIAÇÕES COMPLEXAS, A METODOLOGIA é essencial para estabelecer as referências necessárias à resolução de conflitos. Só para comparar, o negociador traça o seu caminho fixando sinais luminosos no interior de um pântano tenebroso. Se ele não tiver uma bússola, evidentemente, ficará à mercê das forças da natureza.

## PRINCÍPIOS BÁSICOS

Toda negociação é única e exige respostas específicas para cada contexto. Todavia, existem alguns princípios básicos que estruturam toda e qualquer negociação, independentemente das especificidades.

A observação desses princípios permite ao negociador não se perder em situações que poderiam deixá-lo em desvantagem.

# Quem toma decisão não negocia

O primeiro princípio consiste na nítida definição de papéis entre o negociador e o tomador de decisão, pela simples razão de que os dois têm esferas de responsabilidade claramente distintas.

O negociador está no cerne do conflito e guia-se pelo que observa. Já o tomador de decisão situa-se na retaguarda e define sua estratégia inspirado pelo que pretende alcançar.

Se coubesse ao tomador de decisão negociar, como isso impactaria a negociação?

- O tomador de decisão raramente dispõe de instrumental técnico, o que poderia pôr em risco os procedimentos da negociação.

- O tomador de decisão, exposto precocemente no processo, provoca uma inevitável escalada hierárquica, fenômeno que Laurent Combalbert também classificou como "inflação narcísica".[5] A parte contrária, lisonjeada pelo contato direto com o patrão, tende a desprestigiar gradualmente o negociador destacado para conduzir o processo, até torná-lo inoperante e descartá-lo de vez. Além disso, quando a negociação ocorre na esfera do tomador de decisão, se, por algum motivo, for necessário recorrer a uma autoridade superior, a quem se poderá apelar?

- O tomador de decisão é o senhor absoluto da palavra final. O que significa que, a qualquer momento, ele pode

---

[5] Laurent Combalbert, *Négocier en situations complexes* (Paris: ESF, 2012).

resolver aceitar as exigências da parte contrária, desde, é claro, que elas não excedam o que foi determinado. O perigo aqui é aceitar as reivindicações do interlocutor sem impor condições nem contrapartidas, a fim de concluir rapidamente a negociação.

- O tomador de decisão, em contato direto com a negociação, perde a "vista aérea" que dela dispunha. Em decorrência disso, suas decisões serão fruto de uma visão parcial da situação, marcada por uma atuação provisória no papel de negociador.

- O tomador de decisão não deve se envolver emocionalmente no conflito, sob pena de perder o discernimento.

- Os tomadores de decisão, pela própria posição que ocupam, costumam ter um ego mais inflamável do que o dos negociadores, o que os torna naturalmente mais "sensíveis" a ameaças e ultimatos. O risco, nesse caso, é que reações impulsivas para restaurar o ego ferido possam comprometer os objetivos da negocição.

A negociação, portanto, compete exclusivamente ao negociador.

Contudo, recorrer ao tomador de decisão no momento oportuno e de forma apropriada pode dar um rumo positivo à negociação. Trata-se, na prática, de tirar proveito da posição hierárquica do tomador de decisão para influenciar a parte contrária. O exemplo mais frequente disso é quando, devidamente instruído pelo negociador, o tomador de decisão entra em cena para decretar o tradicional "não vejo outra solução", reiterando os pontos e posições do negociador. Nesse caso, o resultado pretendido é fechar a porta para quaisquer demandas adicionais e encerrar a negociação sem mais nenhuma reunião.

O tomador de decisão também pode ser convocado pelo negociador para fazer o papel de "finalizador", ou seja, para resolver a última pendência entre as partes. Nesse caso, ele entrará em cena com todo o peso de sua posição, para autorizar um último esforço no sentido de finalizar a negociação.

Qualquer que seja a estratégia adotada, deve resultar de um acordo muito claro entre o tomador de decisão e o negociador, a fim de evitar confusões que podem ser muito proveitosas para a parte contrária.

## Ceder sem contrapartida, jamais!

A negociação transcorre ao ritmo dos avanços mútuos. Para cada concessão deve haver uma contrapartida que restrinja o avanço da parte contrária. Também, inversamente, ceder sem contrapartida é dar um sinal inequívoco, para a parte contrária, de que basta fazer uma pressão sobre o negociador para conseguir o que quer.

São muitos os jovens negociadores que cedem ao estresse das intermináveis demandas e abrem mão das contrapartidas, a fim de firmar uma trégua. Acreditam que com isso irão comprar paz, mas só fazem atiçar a voracidade do outro, que avança com níveis de pressão ainda mais elevados.

No âmbito das negociações comerciais, a parte contrária só estará plenamente satisfeita quando de fato acreditar que já obteve o máximo do que poderia alcançar. Assim, além das vantagens de propiciar o avanço da negociação, cada contrapartida firmada representa uma barreira contra futuras demandas.

## Quem pergunta conduz a negociação

Ao contrário do que se costuma pensar, os bons negociadores raramente são prolixos quando tratam de situações complexas. Eles propõem questões e reorientam o rumo da negociação, sempre reformulando e reposicionando o debate no sentido de um questionamento pertinente.

Propor questões é duplamente útil. Primeiro porque possibilita não ser encurralado por situações que colocam o negociador contra a parede e, segundo, porque permite desvendar o interesse, muitas vezes oculto, do interlocutor.

Negociadores incompetentes têm em comum o defeito de falar demais e questionar de menos.

## Na guerra de posição, o argumento é a munição

Qualquer um que tente impor seu ponto de vista em uma negociação complexa com certeza vai bater de frente com o ponto de vista do outro. É como pretender forçar alguém que adora o vemelho a preferir o amarelo.

Cada argumento gera um contra-argumento, o que desencadeia uma guerra de posições. Trata-se de um erro muito comum entre os vendedores mais velhos, que tentam convencer o outro pela contra-argumentação.

Existem vários métodos de comunicação influente que podem modificar o comportamento do outro sem recorrer ao contra-ataque.

Contudo, é preciso notar que a argumentação, em certas etapas cruciais da negociação, pode ser usada, mas de forma cirúrgica, a fim de provocar a conscientização sobre determinado aspecto.

## Conceder não melhora a relação

A tentação existe, mas o gesto é inútil. Dar presentes aos outros apenas para ser amado nunca funcionou. E nas negociações o resultado é semelhante.

Mesmo em situações que envolvem fazer uma dura concessão para voltar à mesa, o negociador precisa obter uma contrapartida. É uma questão de honra profissional.

Mas como conseguir uma contrapartida se o contexto é totalmente adverso ao negociador? Simplesmente, encontrando uma contrapartida tão insignificante para o interlocutor que o negociador terá até de justificá-la aos olhos dele. O propósito não declarado é fazer a parte contrária ceder em um componente da negociação que não lhe causará nenhuma perda significativa. O objetivo maior do negociador é obter uma contrapartida, não importa o grau de dificuldade envolvido. O valor atribuído a uma contrapartida é relativo, pois depende de inúmeros critérios: interesses, necessidades, objetivos, posição, relação de forças, possibilidade de acesso aos recursos disponíveis, etc. Assim, concordar excepcionalmente em conceder mais dez dias de prazo para a realização de um pagamento pode significar uma ninharia para quem o autoriza, uma vez que isso não causa nenhum impacto direto na negociação, mas, eventualmente, pode representar um ganho para o outro, caso seu objetivo seja, por exemplo, reforçar o caixa. E isso já é uma contrapartida.

## A resposta mora no problema

Infelizmente, a negociação não dispõe de uma gama de soluções para situações específicas. As técnicas oferecem chaves de interpretação e um conjunto de ferramentas para lidar com a complexidade, mas cabe ao negociador fazer a diferença. Cada negociação é única. E justamente por isso pede uma resposta única. Erra-se constantemente ao tentar reproduzir um modelo que funcionou no passado, sem levar em conta todos os critérios que definem o novo contexto.

É o fenômeno da dissonância cognitiva que faz com que o negociador, ao falhar em sua missão, tenda a culpar inconscientemente as circunstâncias para se livrar do problema. Entretanto, a solução quase sempre reside na própria situação, a qual esconde em si mesma as pistas que levariam a uma resposta.

# É proibido mentir

Fica difícil construir uma relação empática, pré-requisito para a criação de um contexto favorável, encobrindo as nossas intenções com mentiras. O custo disso é simplesmente a perda da credibilidade. E como recuperar uma confiança conquistada a duras penas depois que as falsidades vêm à tona? Qualquer mentira descoberta causa um dano profundo à relação, colocando o negociador em uma situação dúbia: ou sai definitivamente do jogo, gerando consequências desastrosas para a negociação em pauta, ou permanece em uma situação frágil, tendo de carregar um fardo muito pesado na tentativa de recuperar sua posição de origem.

Por mentira entende-se a intenção deliberada de enganar o outro, deixando de informá-lo de nossos verdadeiros objetivos. Naturalmente, surge aí também a questão ética da omissão, em que certos elementos são ocultados intencionalmente para não abalar o vínculo estabelecido. Pelas mesmas razões apontadas em relação à mentira, cuja função é maquiar a verdade, o recurso da omissão também não é recomendável. Certos assuntos, porém, podem justificar a omissão, se não tiverem interesse para a negociação e se o negociador tiver certeza de que eles não teriam impacto sobre ela.

# Quem se apropria muda

É mais fácil mudar o comportamento de uma pessoa evocando os recursos de que ela mesma dispõe do que tentar impor-lhe nosso ponto de vista. A diferença pode parecer sutil, mas, na verdade, é grande. Ela se traduz no fenômeno psicológico da apropriação, usado, entre outras coisas, para lidar com as mudanças. A mudança será tão mais rápida e duradoura quanto mais a pessoa se convencer de que o processo é bem fundamentado.

Assim, o papel do negociador é criar um tipo de ressonância na psique do interlocutor de modo a conseguir que ele se aproprie da mensagem. É o mesmo mecanismo, por exemplo, que faz com que um criminoso enfurecido caia em si e se entregue, convencido de que essa é a melhor oferta que lhe podem fazer. Dizer que o negociador conseguiu convencê-lo a se render é tão simplista quanto equivocado. O que o negociador conseguiu foi fazer o criminoso perceber que aquela era uma solução aceitável, ou até necessária, do ponto de vista do próprio criminoso.

## A palavra não diz tudo

As palavras constituem o modo de expressão do pensamento racional e são o vetor de troca de todas as nossas relações de comunicação. Em nossa cultura, são tão necessárias para transmitir o pensamento que tomam a quase totalidade de nossa atenção. Por outro lado, muitos sinais externos podem contradizer o conteúdo das palavras, como a expressão corporal, as reações fisiológicas, o comportamento, a direção do olhar ou as expressões faciais.

O papel do negociador é avaliar a congruência entre o que é dito e a maneira como as coisas são realmente formuladas. O domínio da "leitura comportamental" é a ferramenta que permite ao negociador detectar e decodificar o que a parte contrária está tentando esconder.

# A PREPARAÇÃO

"Na vida, não é preciso ter um bom jogo nas mãos, mas jogar bem com cartas ruins" (Robert Louis Stevenson). E jogar bem com cartas ruins requer preparação e estratégia. Preparar bem uma negociação é essencial.

Em geral, considera-se que a preparação responde por 80% da negociação. Os acadêmicos podem até discutir esse percentual, mas todo mundo concorda com o fato de que a preparação representa a principal parte de uma negociação. Sem ela, o negociador só pode contar com a improvisação, e tudo o que a improvisação espera é não encontrar ninguém preparado do outro lado. Isso não só reduziria as chances de sucesso, como a credibilidade do negociador correria o risco de sair arranhada.

Uma preparação rigorosa, particularmente indispensável nas negociações mais delicadas, permite sobretudo "descomplexizar" a estrutura do conflito, ou seja, lançar um olhar perceptivo sobre a situação, a fim de avaliar as diversas alternativas.

Tal "descomplexização" requer um sequenciamento, por etapas, do processo de preparação, a fim de captar todos os elementos do conflito e depois submetê-los ao filtro do bom senso e do discernimento.

Cinco etapas cronológicas, reunidas sob o acrônimo mnemônico PREPA© (lê-se *prepá*), garantem ao negociador se apropriar de todos os elementos do conjunto:

- **P**anorama da situação;
- **R**edação dos meus parâmetros de negociação;
- **E**stimativa e balanço da relação de forças;
- **P**lanejamento estratégico;
- **A**linhamento tático.

O PACIFICAT© (lê-se *pacificá*), modelo desenvolvido por Laurent Combalbert, também fornece um passo a passo bastante eficiente para compreender a conjuntura de dada situação.

## Panorama da situação

O primeiro passo consiste em uma fase de avaliação do contexto e do ambiente da negociação.

O negociador estrutura sua própria realidade, juntando os dados brutos que tem nas mãos: número de interlocutores, tipo de demanda, posição da parte contrária, local de negociação, *timing*, etc. Como um detetive na cena do crime, ele colhe tanto os elementos produzidos por sua própria observação quanto os que lhe são reportados. Consideram-se esses dados brutos porque não foram submetidos a nenhum filtro anterior.

Essa etapa possibilita traçar os contornos da situação, levando em conta que seus desdobramentos deverão passar depois pelo olhar crítico do negociador. Sempre que julgar necessário fazer alguma alteração nessa primeira avaliação, o negociador deverá certificar-se de ter embasamento suficiente para assumir a nova posição. Trata-se de uma técnica de automonitoramento com o auxílio da reflexão.

Esse tipo de situação é definido por componentes emersos e imersos.

A parte emersa é facilmente acessível e visível a todos. Normalmente envolve situações como: reféns capturados por um sequestrador, um grupo de empregados que enfrentam um chefe de departamento, um parceiro que se recusa a adotar uma inovação ou até uma briga de rua entre dois indivíduos. São situações conhecidas e compartilhadas por todos os atores envolvidos.

Já a parte imersa, por ser impenetrável à primeira vista, requer uma busca de informações mais profunda. Em outras palavras, é preciso desenvolver um olhar crítico e até recorrer a táticas de inteligência, se for o caso. Ou seja, talvez seja preciso procurar informações privilegiadas, a fim de esclarecer os pontos obscuros e alcançar vantagens competitivas na condução da negociação.

## Análise de contextos

Para contemplar a situação em seu conjunto, é necessário fazer um rastreio de todos os elementos que estruturam o contexto. Trata-se de um primeiro diagnóstico, cujo objetivo é colher informações que facilitem a compreensão.

## Contexto físico

Toda negociação se caracteriza por ter um objeto central: uma casa à venda, um conflito entre protagonistas, reféns nas mãos de um sequestrador, uma inovação apresentada a um parceiro comercial, uma ruptura de vínculo entre as partes, etc.

Esse objeto é o que determina a necessidade de recorrer a uma negociação. Trata-se, geralmente, do primeiro elemento a chegar às mãos do negociador, e do fator que cristaliza a tensão entre as partes.

## Contexto temporal

Uma vez conhecido o objeto, o negociador precisa se concentrar no contexto temporal.

Sobre um conflito, é essencial, por exemplo, saber a data de eclosão, ou há quanto tempo ele dura, para estabelecer as suas dimensões. Um impasse instalado há meses, e encalacrado em infrutíferas tentativas de resolução, há de ter proporções maiores do que uma briga que começou hoje, na hora do almoço. E a estratégia de negociação precisa se adaptar às especificidades de cada situação.

## Contexto espacial

O lugar de eclosão de um conflito também pode oferecer pistas esclarecedoras. Ele tanto pode se revelar como o catalisador do conflito, como pode servir de zona neutra para a condução da negociação, ou, quem sabe, até ser utilizado taticamente para obter vantagens competitivas. Assim, conforme o tipo de situação, o lugar pode atuar como causa ou consequência de um conflito.

## CONTEXTO EXPRESSIVO

Também é necessário atentar para o modo como as coisas são expressas. Como as pessoas se expressaram, por exemplo, naquela situação antagônica? Com que palavras? Com que comportamento? Em que momento? Em relação a quê? E no que é que deu?

Cabe ao negociador criar um esquema que identifique os pontos de radiação, ou seja, as causas e expressões dos acontecimentos que levaram a situação aos resultados observados.

## CONTEXTO RELACIONAL

O contexto relacional identifica os vínculos mantidos entre as partes interessadas. Conhecer o histórico das relações que aproximam ou distanciam as pessoas ajuda a compreender determinadas reações ou comportamentos. Nas situações de conflito, tais informações são decisivas para penetrar a camada psicológica dos indivíduos.

## Mapeamento das partes interessadas

Trata-se de uma continuação do trabalho de análise do contexto relacional.

Um mapeamento abrangente é obtido a partir da combinação de dois gráficos: o organograma e o sociograma.

## ORGANOGRAMA

O organograma permite a representação dos vínculos funcionais e hierárquicos existentes entre os membros de uma equipe em geral. Mostra os diferentes níveis estatutários, bem como o poder hierárquico exercido sobre os estratos inferiores. Não fosse o fator humano, o organograma, com os seus boxes correspondendo aos níveis de emanação do poder e suas setas apontando para os que sofrem as consequências, seria instrumento bastante para fazer o mapeamento.

No entanto, em qualquer organização, são os jogos de poder que regem as relações interpessoais, fazendo emergir as dinâmicas de grupo.

## SOCIOGRAMA

A função do sociograma consiste justamente em estabelecer outras tipologias dos vínculos que aproximam ou distanciam os membros de uma equipe, quer no plano social, quer no psicológico.

Para elaborar um sociograma, é necessário estabelecer uma primeira distinção, a fim de identificar os atores ativos e passivos.

Os atores passivos são classificados como observadores no interior de uma equipe. Não têm poder decisório nem consultivo. Não figuram no organograma, a não ser sob uma denominação de cargo, carecendo de qualquer importância. No entanto, ao contrário do que se costuma pensar, alguém situado no topo da cadeia hierárquica também pode ser um ator passivo. Mesmo que seu posto elevado sugira que esse indivíduo dispõe de algum poder no cenário da negociação, a realidade pode vir a mostrar que, voluntariamente ou não, na prática ele se encontra excluído de qualquer comando estratégico ou decisório – comando esse, aliás, que pode estar nas mãos de alguém do segundo escalão, cuja *expertise* é reconhecida por seus pares.

Já os atores ativos sempre pesam na negociação. Seus papéis, predefinidos ou não, dão origem a outras tipologias:

- aliados: alguns indivíduos, mesmo não tendo intenção explícita de se contrapor aos seus, podem dedicar uma atenção ativa aos argumentos ou reconhecer a relevância de algumas propostas do outro lado. Com isso, podem tornar-se facilitadores da resolução do conflito;

- inimigos: declarados ou disfarçados, os inimigos opõem barreiras à busca de um entendimento mútuo. Uns se insurgem abertamente, enquanto outros articulam sua rebelião às escuras;

- mexeriqueiros: são aqueles que enviam, de propósito, sinais contraditórios para perturbar o negociador. Oscilam deliberadamente entre a empatia e a assertividade, produzindo fissuras brutais no fluxo da relação;

- neutros: ao contrário dos atores passivos, os atores neutros desfrutam de um poder consultivo e/ou decisório. Sua opinião, a princípio imparcial, tende a evoluir no curso da negociação, aproximando-se da causa dos aliados ou da causa dos inimigos.

Entre os atores ativos, sempre há uma ou mais pessoas que detêm o poder de decisão. Se o negociador não elaborar um sociograma, seu único ponto de referência serão os vínculos hierárquicos desenhados no organograma, que geralmente não registram os poderes não declarados.

Para completar seu sociograma, o negociador deve obter informações sobre o grupo de referência e o grupo de pertencimento dos interlocutores.

O grupo de referência é constituído de pessoas ou organizações que influenciam os valores e as opiniões do indivíduo, e que serve de modelo e base de comparação. Um fã de vela náutica, por exemplo, muito provavelmente buscará desenvolvimento em um clube formado por membros que compartilham a mesma paixão. Por sua especificidade social, tal grupo acabará influindo não só nos valores, como também no comportamento desse indivíduo.

O grupo de pertencimento corresponde ao círculo em que a pessoa se desenvolve no seu dia a dia. Trata-se de seu meio social imediato, incluindo familiares e amigos. É o responsável por transmitir ao indivíduo uma ideologia, as preferências culturais e os valores educacionais que modelam sua visão de mundo.

> Ao preparar-se para uma reunião com um cliente, o gerente de contas estratégicas de uma grande empresa do ramo agroalimentício acionou toda a sua rede de contatos na internet, a fim de obter informações sobre seu interlocutor. Curiosamente, não encontrou nada sobre ele na rede. Mas um amigo do gerente, que conhecera esse profissional em um evento, contou-lhe que havia simpatizado com ele e observou que ele aparecera vestido da cabeça aos pés com a grife Ralph Lauren. Então, o gerente decidiu abrir mão de sua camisa social e foi à reunião com uma camiseta polo com o logotipo da grife, disposto a aproveitar a única informação que tinha. Apesar do litígio que havia entre suas empresas, a primeira reunião foi bastante positiva, e eles passaram cerca de meia hora falando da grife Ralph Lauren.

## Motivações da parte contrária

Identificar as motivações da parte contrária é ponto-chave no planejamento de uma negociação. Quase sempre, as verdadeiras motivações não são declaradas, pela simples e convincente razão de que os indivíduos têm medo que isso possa colocá-los em uma posição desfavorável ou desvantajosa.

Consequentemente, é essencial saber separar a forma do conteúdo. E, para tanto, vale a pena analisar e compreender cada posição, objetivo, interesse e ponto de ruptura da parte contrária.

## Posição

No que diz respeito à parte contrária, a posição é a atitude que ela decide adotar para iniciar e conduzir uma negociação escalonada por etapas. O papel da posição é servir o objetivo fixado pelo indivíduo.

Para citar um exemplo simples: Pedro quer vender sua casa por 500 mil reais. Esse é o seu objetivo. Mas, para garantir uma margem de manobra, com base em critérios específicos, ele decidiu fixar o preço da casa em 520 mil. Essa é sua posição: 520 mil reais. E a margem de manobra é de 20 mil reais.

A principal função da posição, portanto, é conseguir alcançar o objetivo traçado.

No caso citado, a posição é de ordem financeira, mas em outras circunstâncias pode ter natureza diferente, como: recusar-se a negociar para afirmar certa autoridade, exigir uma condição inesperada para desestabilizar o outro, ressuscitar um antigo litígio para tomar a frente de uma discussão, exigir a mudança do local de negociação a fim de provocar uma ruptura, etc.

## Objetivo

O objetivo, por sua vez, protege o interesse. A fixação de um objetivo deve observar uma série de critérios. Em nosso exemplo, o objetivo de Pedro é conseguir 500 mil reais pela venda de sua casa. Por que 500 mil reais? Pedro considera que:

- esse é o preço de mercado, pois seu vizinho vendeu uma casa semelhante pelo mesmo valor;
- se atingir seu objetivo, terá obtido um ganho de capital de 30%, o que lhe garantirá a satisfação de ter feito um bom negócio.

Por trás desse objetivo está o interesse de Pedro. E o que ele quer na verdade é mudar logo dali, pois não suporta mais o bairro, extremamente agitado para o seu gosto. Pedro já encontrou uma casa em outra cidade e precisa exatamente de 483.500 reais para garantir a compra.

O objetivo de Pedro, portanto, é conseguir o que lhe parece justo, mas que também não deixa de ser subjetivo. Além disso, para satisfazer seu interesse, Pedro pode muito bem concordar em baixar um pouco o seu objetivo, já que na verdade só precisa de 483.500 reais para se mudar.

Ou seja, do mesmo modo que a posição, o objetivo também é negociável.

## Interesse

O interesse é basicamente um valor intangível. É, por definição, uma idiossincrasia da pessoa.

O famoso psicólogo norte-americano Abraham Maslow destacou, em sua teoria da pirâmide das necessidades, os fatores motivacionais do homem. Em ordem crescente de realização, existem cinco níveis de necessidades:

1) necessidades fisiológicas;

2) necessidades de segurança;

3) necessidades de pertencimento;

4) necessidades de autoestima;

5) necessidades de autorrealização.

Essa lista é particularmente útil para compreender os mecanismos psicológicos dos atores envolvidos em uma negociação complexa. Mesmo que não se destine a abarcar todos os interesses ocultos que envolvem essas negociações, ela cobre cerca de 80% das necessidades identificadas. Erroneamente, as negociações muitas vezes se reduzem à dimensão financeira, pois as demandas costumam vir acompanhadas de uma noção monetária. No entanto, em muitos casos, o interesse assume outros aspectos.

Mas voltemos ao caso de Pedro. Seu interesse é puramente de segurança, pois a agitação do bairro o impede de viver como gostaria. Ao definir um objetivo que considera realista, Pedro pode não só colher os frutos dos ganhos de capital que obteve na venda, como também satisfazer seu interesse básico.

Ao contrário do objetivo e da posição, o interesse não é negociável, uma vez que está ligado às condições de "sobrevivência" do indivíduo. Vale notar, porém, que, em certos casos, é preciso sacrificar um interesse em nome de outro maior.

## Ponto de ruptura

O ponto de ruptura define a fronteira entre o negociável e o inegociável. Quando o indivíduo considera que seus interesses estão ameaçados, então ele atingiu o ponto de ruptura.

As motivações da parte contrária não são identificáveis logo na primeira reunião, a menos que o negociador tenha acesso a informações confidenciais. É só na condução da negociação que o negociador manifestará toda a sua competência em identificar as partes obscuras e as incoerências no discurso da parte contrária.

Quadro 1. Matriz das motivações da parte contrária

| | Significado | Visibilidade | Negociabilidade | Exemplo |
|---|---|---|---|---|
| Posição | Tática, pressão, demanda camuflada | Sempre declarada | Negociável | Se vamos encerrar o contrato, quero 400 mil reais |
| Objetivo | Ganho mediante negociação | Geralmente oculto | Negociável | Recuperar 50 mil reais |
| Interesse | Fator motivacional | Geralmente oculto | Inegociável | Continuar trabalhando com o interlocutor |

# Redação dos meus parâmetros de negociação

Do mesmo modo que o negociador precisa elaborar um primeiro diagnóstico das motivações da parte contrária, ele também deve definir seus próprios parâmetros de negociação.

A principal função desse passo é criar uma "grade de proteção". Aqui o negociador deve determinar objetivamente tudo o que considera negociável, como também inegociável. Sem esse esforço de separação, o negociador corre o risco de concluir um acordo que pode se revelar altamente prejudicial para ele, a uma segunda vista. As causas que levam a isso podem ser diversas: pressão da parte contrária, incompreensão de certos elementos, argumentos falaciosos, intenção de fechar o acordo rapidamente, etc.

A determinação do que é inegociável permite que o negociador se proteja de si mesmo e ao mesmo tempo se resguarde das pressões da parte contrária.

Saber o que é negociável, por sua vez, permite o estabelecimento da margem de manobra que o negociador concede a si mesmo, ou seja, até que ponto está disposto a ceder sem que isso ameace seus próprios interesses.

Ao redigir os seus parâmetros, o negociador deve definir muito bem quais são os seus objetivos e os seus interesses, para assim também determinar o seu ponto de ruptura. Já a posição será discutida mais adiante, porque depende da tática adotada pelo negociador.

## Meu objetivo

O objetivo tem dupla função para o negociador. Por um lado, como foi visto anteriormente, serve para proteger o interesse. Por outro, constitui a própria essência do jogo da negociação, já que o papel da negociação é precisamente possibilitar o acesso a objetivos que não poderiam ser alcançados sem ela. Daí a negocição geralmente ser descrita como competência de valor agregado. E essa descrição se aplica de maneira ainda mais justa às negociações complexas.

Não há critérios definidos para traçar um objetivo, pois isso depende de diversos elementos que fogem ao controle e à visão do negociador.

No entanto, uma regra de bom senso deve ser levada em consideração: quanto mais informações tiver nas mãos, mais clara será a visão do negociador e maior sua capacidade de definir um objetivo realista e alcançável. Ainda hoje, existe quem se propõe objetivos estratosféricos, sem se importar com o contexto.

## MEU INTERESSE

Definir o próprio interesse pode parecer inicialmente uma tarefa nebulosa.

Um erro que normalmente se observa é a fusão, intencional ou não, do objetivo com o interesse, que coloca os dois no mesmo nível. Quando se confunde com interesse, o objetivo tende a atrair a atenção do negociador, que, com isso, também acaba posicionando o ponto de ruptura no mesmo nível. A consequência direta é o aniquilamento de qualquer solução criativa, capaz de obter um acordo satisfatório para as partes interessadas. Além disso, o negociador perde de vista seu interesse primordial, o que muitas vezes reduz a negociação a uma guerra de posições.

Para ilustrar esse ponto, retomemos o caso de Pedro. Suponhamos que ele confunda seu interesse de se mudar com o objetivo de ganhar 500 mil reais. Esquecido o interesse, o objetivo passa a ser o mesmo que o ponto de ruptura. Ou seja, ganhar os 500 mil reais. Qualquer proposta inferior será sumariamente rejeitada. No caso em questão, Pedro:

- esquece seu real interesse (mudar para se livrar da agitação do bairro);
- fecha as portas para propostas financeiras que poderiam satisfazer esse interesse;
- rejeita, considerando como insatisfatória, qualquer solução criativa. Por exemplo: uma proposta de 495 mil reais, mais o financiamento de parte das obras que Pedro desejar fazer na casa nova (o vendedor é o dono de uma construtora).

Tal exemplo, mais uma vez, intencionalmente simplista e desprovido de complexidade, é bastante apropriado para estabelecer a diferença entre interesse e objetivo. Mas, tratando-se de negociações complexas, não conhecer o próprio interesse pode ser particularmente catastrófico.

## Meu ponto de ruptura

Além de sua função, anteriormente tratada, o ponto de ruptura proporciona a grande vantagem de alertar o negociador, durante a condução da negociação, acerca da necessidade de determinar muito precisamente sua posição, seu objetivo e seu interesse já na fase de preparação da negociação.

Assim, quando a parte contrária tentar levá-lo para uma situação que ponha em risco seu interesse, o ponto de ruptura soará o alarme, a fim de despertar o negociador para as consequências desastrosas que isso pode acarretar.

Figura 3. Matriz das motivações em negociação

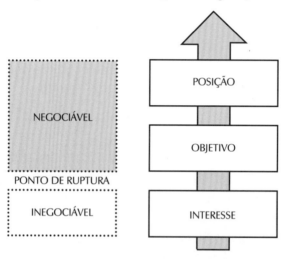

É preciso ressaltar que existem certas circunstâncias, especialmente as mais críticas, nas quais o objetivo e o interesse se equivalem. É o caso, por exemplo, da manutenção dos postos de trabalho em uma fábrica que ameaça fechar. Como é de interesse comum que nenhum trabalhador fique sem emprego, todos concordam que a recolocação em outras fábricas seria uma boa solução. Ocorre que os trabalhadores não podem simplesmente se mudar, por razões que lhes são próprias; além disso, não existem outras fábricas na região, e não interessa ao governo fazer a estatização. Então, o futuro dos trabalhadores depende da sobrevivência da fábrica. Nesse caso, o objetivo (manter os postos de trabalho nas condições atuais) pode ser igual ao interesse (preservar os empregos = satisfazer necessidades fisiológicas e de segurança = trabalhar para garantir alimentação e moradia). Especialmente se se reconhece que o contexto não admite nenhuma solução criativa (como redução de salário, manutenção de um a cada dois empregados, aumento não remunerado das horas de trabalho, etc.), dadas as condições de saúde financeira da fábrica.

# Equilíbrio da relação de forças

Toda negociação já nasce marcada por uma relação de forças. Tal relação é uma realidade e, ao mesmo tempo que precisa ser considerada na elaboração da estratégia, constitui um componente de peso relativo no equilíbrio dos poderes.

A maioria das negociações complexas revela claramente um desequilíbrio de poder. E o desafio da parte fragilizada por esse desequilíbrio não é outro senão restabelecer, total ou parcialmente, uma simetria de poderes, aceita pela outra parte, a fim de se firmar como interlocutor legítimo, ou até mesmo necessário.

### ESTIMATIVA DA RELAÇÃO DE FORÇAS

A estimativa da relação de forças é um conceito duplamente relativo: varia segundo a percepção do negociador e a da parte contrária. O que significa que se torna ainda mais relativa quando as partes que negociam ainda não se conhecem, resultando, nesse caso, de duas análises subjetivas. Quanto mais as partes se revelam uma a outra, mais tangível se torna a noção de poder.

Diante de uma nova situação, o diagnóstico da relação de forças se dá pela comparação das informações colhidas sobre a parte contrária com o poder relativo do negociador.

Quanto mais numerosas e dotadas de veracidade forem essas informações, mais o negociador se colocará em posição de medir acuradamente o poder da parte contrária. Eis, mais uma vez, a importância do trabalho de inteligência. Os dados colhidos não devem se restringir a aspectos específicos de nenhum tipo. Tudo interessa: mapeamento das partes interessadas, índice de participação no mercado e valor da empresa no segmento em que opera, posição de negociação adotada, estratégia de crescimento no setor, análise de contextos, relatórios das últimas negociações com a concorrência, etc. Além, é claro, de todos os elementos específicos, referentes à situação em pauta, que possam ampliar a visibilidade do negociador.

De posse desses elementos, o negociador faz uma lista de dados relativos ao seu próprio poder: participação da empresa que ele representa no mercado, investimentos recentes, estratégia de negócios, qualidade da oferta, fatores de diferenciação em relação à concorrência, grandes projetos, etc.

Pelo cotejamento das informações colhidas sobre a parte contrária com o seu poder relativo, o negociador obtém um diagnóstico a partir do qual poderá fazer um primeiro balanço da relação de forças.

Apesar do caráter subjetivo que inicialmente apresenta, a estimativa da relação de forças é fundamental para acionar as novas alavancas de poder que buscarão estabelecer uma relação de simetria mais favorável ou pelo menos consolidar a posição atual.

## Dinâmica dos poderes

As obras de Alfred Adler[6] sobre a busca incessante do homem para alcançar uma posição cada vez mais alta descrevem com perfeição a dinâmica dos poderes que se observa em uma negociação complexa.

A vontade de chegar ao topo é aceita em qualquer lugar como um trunfo competitivo. Seja no meio militar, seja em uma simples entrevista de trabalho, é a relação de poder que determina as interações sociais e as posturas adotadas por cada indivíduo. De modo que o homem jamais deixará de tentar romper com a simetria e impor sua credibilidade como interlocutor.

Existem várias formas de poder que, dependendo da situação e do perfil do negociador, podem ser ativados para reequilibrar uma relação de forças.

### Poder carismático

Por definição, ele não é dado a todos. O poder carismático define a capacidade do negociador de cair imediatamente nas graças da parte contrária. Mais do que a beleza, fator

---

[6] Alfred Adler, *Connaissance de l'homme: étude de caractérologie individuelle* (Paris: Payot, 1949).

que pode ser vantajoso em certos casos, esse poder reúne todos os componentes que orbitam em torno do conceito de carisma: charme, fluência verbal, escuta atenta, estilo ao vestir-se, afabilidade, expressividade emocional, envolvimento, etc.

O poder carismático capta todas as atenções, mesmo que por um breve período de tempo, e passa o bastão para as habilidades técnicas do negociador, deixando as portas abertas pelo tempo que for necessário.

## Poder hierárquico

O indivíduo pode usar seu poder hierárquico, declarando explicitamente seu cargo ou posição na empresa. Essa opção confere um peso extra às suas palavras e engrossa a substância do seu discurso. O título não é tudo, claro. Ele terá de se mostrar digno do seu papel. Muitas empresas, atualmente, atribuem *status* de diretores a simples representantes comerciais, com o propósito duplo de afagar o empregado e impressionar o cliente. É uma atitude louvável, no que diz respeito a apoiar o crescimento hierárquico. Infelizmente, porém, quando o perímetro da responsabilidade não corresponde ao título e o despreparo do colaborador contradiz o que as pessoas esperam de um diretor, o efeito é o oposto do esperado.

O poder hierárquico, portanto, não se trata de um cartão de visita, mas da capacidade de encantar o interlocutor com o auxílio da aura conferida pelo cargo.

## PODER FUNCIONAL

É sinônimo de autoridade competente. Como o próprio nome indica, está ligado à função, mas não guarda nenhum vínculo com hierarquias (ver *poder hierárquico*). Em nossas sociedades, refere-se a profissionais cujas funções impressionam por si mesmas: tabeliões, médicos, advogados, policiais, pesquisadores, cientistas, acadêmicos, membros do governo, etc. Por mais que o critiquemos, quem de nós não é sensível ao poder do "jaleco branco"? Certas funções usam e abusam desse poder. Seja como for, as mensagens ganham sempre um eco especial quando proferidas por esse tipo de autoridade. Combinado a um renome de dimensões regionais, nacionais, por vezes até internacionais, o poder funcional se reveste de um esplendor verdadeiramente competitivo.

## PODER INSTITUCIONAL

Certas pessoas preferem, não sem razão, apoiar-se no poder institucional para afirmar sua credibilidade. Esse poder pode vir tanto de uma empresa de porte global como de uma escola tradicional, de uma fundação reconhecida ou de um clube de investimentos particularmente influente. Os responsáveis por grandes contas corporativas como Procter&Gamble, Danone, Apple, Nike, por exemplo, confiam no poder dessas marcas para amplificar o alcance de sua voz.

## PODER RADICAL

O poder radical está relacionado aos recursos e à capacidade de uma organização ou empresa de mobilizá-los em seu favor. Esses recursos são geralmente radicais e influem pesadamente na relação de forças. Tanto podem ser representados pelo recurso à lei, a fim de reparar um desequilíbrio causado por uma situação de abuso, como por investimento desproporcional com o intuito de comprar posições em um segmento específico.

Infelizmente, o poder radical também pode ser exercido à margem do espectro legal, como se verifica em certas negociações que envolvem o uso de chantagem ou de distribuição de propina, por exemplo.

## Atenuação do poder do outro

Quando parece impossível equilibrar, resta a alternativa de tentar atenuar o poder do outro – algo como chutar o calcanhar de Aquiles, o que requer boa dose de criatividade. Para citar um exemplo, uma pequena empresa, de dimensões regionais, sob as ameaças e ultimatos de um grande líder nacional do varejo, decidiu ir a um jornal de grande tiragem e denunciar essas práticas, que classificou como desleais e perigosas para os empregos locais. A opinião pública reagiu com indignação e não poupou hostilidades contra a grande marca. Com a imagem e a saúde prejudicadas, o grande varejista acabou concordando em assinar um acordo com as pequenas e médias empresas. Foi, sem dúvida, uma manobra arriscada, mas um exemplo concreto de como é possível atenuar o poder do outro.

# Planejamento estratégico

"Se vi mais longe do que outros, é porque eu estava sentado nos ombros de gigantes", disse Isaac Newton.

A estratégia é utilizada para dirigir e coordenar as ações com o propósito de alcançar um objetivo. Quando pensamos em estratégia, creditamos o termo a Napoleão, Churchill, Sun Tzu, César; Alexandre, o Grande, etc. Todos esses líderes famosos têm como denominador comum suas façanhas memoráveis.

A palavra "estratégia" vem do grego *stratos*, que significa "exército", e *aegîn*, "dirigir". Embora tenha raízes militares, a estratégia, hoje, é uma ferramenta muito bem difundida e fundamental em todas as atividades.

Em negociação complexa, é decisiva. Assim como os grandes generais que se tornaram ilustres e escreveram seu nome na história, os negociadores mais célebres primaram pela adoção de estratégias formidáveis.

## Pré-requisitos da estratégia

Mesmo que não exista uma estratégia específica para cada situação, é importante seguir algumas normas básicas para não cair em perigosas armadilhas.

Para citar um exemplo, de uma amostra de 213 negociações complexas que naufragaram na França entre 2007 e 2012 (nas áreas do varejo, do conflito social, da energia, da saúde e das finanças), 38% delas tiveram seu fracasso atribuído a estratégias inadequadas.

## COMPREENDER O PROBLEMA

Nada parece mais óbvio do que aplicar uma estratégia a um problema que julgamos evidente. Mas a realidade é bem outra, especialmente em negociação complexa.

Além disso, observa-se que quanto mais uma negociação envolve conceitos técnicos, mais difícil se torna a adoção de uma estratégia eficaz.

Naturalmente, quando a compreensão do problema deixa a desejar, a estratégia é construída sobre bases precárias. E os riscos então se multiplicam: perda de credibilidade, subvalorização de investimentos, retrabalho, destruição da relação, ativação precoce do tomador de decisão, revisão de táticas, etc.

Em 2009, na França, uma equipe de negociação de uma pequena empresa fabricante de queijos reuniu-se pela primeira vez com a comissão de compra de um distribuidor nacional. Na primeira reunião, os compradores apresentaram suas condições (descontos e abatimentos em bases não comparáveis) e a base de cálculo utilizada pela marca. Os negociadores tiveram o cuidado de documentar tudo por escrito e os interlocutores voltaram à sua cidade. Então, o chefe da pequena empresa, com os dados recém-colhidos na mão, elaborou uma estratégia, que depois foi aprovada por seu conselho administrativo e por sua equipe de negociadores. Na segunda reunião, os ânimos se exaltaram e a negociação "azedou". Os negociadores foram literalmente expulsos da sala de reunião, e os compradores decidiram que nenhum acordo seria fechado até o fim do ano. Na reunião de avaliação, o chefe lamentou o que deixaria de ganhar (aporte de capital de 23%),

*(cont.)*

> mas consolou-se, considerando que, de qualquer maneira, as exigências do distribuidor eram demasiado elevadas em comparação com o que eles estavam dispostos a investir. E que as implicações (vendas abaixo do custo) iam contra seus interesses. Após a intervenção de um perito especializado em negociação, ao responder a uma pergunta de um colaborador não envolvido na negociação, o chefe percebeu que, na verdade, o litígio só ocorrera por causa de uma má compreensão da demanda, fruto de um erro de estratégia que o levou a adotar uma posição equivocada. Não se tratava em absoluto de uma condição inaceitável proposta pelos compradores, mas de uma "ilusão de ótica", devida a um erro dos negociadores. A história terminou bem, porque, um mês depois, com base nesse novo entendimento, eles acabaram assinando um acordo satisfatório para ambas as partes.

Mesmo quando a decisão compete a uma única pessoa, é fundamental saber cercar-se de opiniões abalizadas e confrontar diversas avaliações, a fim de contemplar todas as facetas de uma demanda. A estratégia deve sempre corresponder a uma compreensão dos problemas, não a uma interpretação. Como diz o provérbio: "Problema bem colocado já está meio solucionado".

## BUSCAR UM POSICIONAMENTO FAVORÁVEL

A vocação da estratégia é, por definição, achar uma posição favorável a fim de colocar os níveis tático e operacional em vantagem sobre a parte contrária. Para tentar ver "mais longe do que outros", como queria Isaac Newton, é necessário dotar o desenvolvimento da estratégia de três passos importantes.

O primeiro passo é sempre levar em conta a estratégia da parte contrária. Embora isso possa parecer um perigoso exercício de previsão, não deixa de ser indispensável tentar imaginar com que estratégia seremos recebidos, para não raciocinar no vazio. A parcialidade é característica da estratégia, porque cedo ou tarde ela terá de se confrontar com a estratégia oposta – o que significa que sua efetividade será teórica enquanto ela não se exprimir diante da reação do outro. Daí a necessidade de tentar integrar no pensamento o que nos espera do outro lado.

O segundo passo é extensão do primeiro: para alcançar uma posição favorável, é preciso estar um passo à frente da parte contrária. Se tentar prever a estratégia alheia já é um exercício determinante, este passo diz respeito a antever a reação em cadeia. A comparação com as estratégias usadas pelo jogador de xadrez é particularmente ilustrativa: antes de avançar uma peça, ele sempre se pergunta qual será a reação do oponente, a fim de antecipar seus próximos movimentos. A vitória geralmente agracia quem consegue ver mais longe.

E, por último, a estratégia precisa ser maleável – mas vale dizer, não imobilizadora. Um erro comum é tentar aplicar uma estratégia perfeita para um momento X, porém nula no momento Y. A estratégia deve ser capaz de ter flexibilidade e adaptação constantes a fim de absorver quaisquer elementos novos que apareçam no contexto. Esse ponto é básico para manter um posicionamento favorável e duradouro.

## Não negligenciar o interesse

Outro erro muito comum na elaboração de uma estratégia é abstrair, intencionalmente ou não, o interesse. É verdade que a estratégia está a serviço do objetivo, e que este de fato é sua única razão de ser, mas ela não pode, em situação alguma, perder de vista o interesse.

Uma estratégia elaborada com base unicamente no objetivo se esgota no alcance deste. Se, por qualquer motivo, o objetivo não pode ser alcançado, mas a negociação continua, porque o interesse ainda não se esgotou, a estratégia ruirá como um castelo de cartas, colocando em risco não só a credibilidade e a legitimidade do negociador, como também a própria coerência de seu discurso.

Europa, abril de 2011. Eclode um conflito entre a diretoria e os sindicalistas de uma companhia aérea. Os sindicalistas reivindicam um aumento mensal de salário de 290 euros para uma centena de funcionários. A diretoria decide adotar uma estratégia baseada em um reajuste máximo de 50 euros mensais, embora reconheça que poderia chegar até 115 euros, se necessário. O importante para a empresa (seu interesse) é evitar uma greve, por causa de uma incômoda situação financeira e da perda de posições em relação à concorrência. O negociador oficial da empresa decide, por conta própria, adotar uma postura dura e orienta todas as suas táticas para o teto de 50 euros. As negociações chegam a um impasse, levando a um primeiro dia de greve. A direção volta à carga e refaz sua estratégia, oferecendo cerca de 100 euros. Aproveitando-se das inconsistências entre a primeira e segunda proposta, os sindicalistas elevam o tom, convictos de que a diretoria pode fazer mais um esforço. Um acordo finalmente é fechado na casa de 120 euros, e marcado pela perda de credibilidade da diretoria.

## O TOMADOR DE DECISÃO É O PILOTO

Se é recomendável que todos os membros de uma equipe participem da elaboração da estratégia, o manche, por razões óbvias de coerência e subordinação, deve ficar nas mãos do tomador de decisão. É ele que garante, ao mesmo tempo, a melhor aplicação e a melhor mudança. Sua visão "aérea", complementada pelas informações do negociador no fronte, também lhe dá o direito de mudar de estratégia sempre que a considere imprópria ou ineficaz a que vem sendo empregada.

## Escolha da estratégia

O primeiro passo para construir uma estratégia eficaz é reunir a equipe e criar um painel de opções. Isso não só estimula o pensamento, como também permite captar as melhores ideias entre uma infinidade de escolhas. Existem muitos métodos de *brainstorming* que facilitam o surgimento de ideias criativas e inovadoras. Todos os estudos mostram que a interação de cérebros que compartilham os mesmos objetivos produz estratégias mais precisas e adequadas.

Elaborado o painel, entra em questão a escolha. Para escolher a melhor estratégia, é preciso usar um "crivo" comum a todas elas, sob pena de influenciar os resultados da análise. Entre outras técnicas disponíveis, a análise SWOT (ou FOFA), reconhecida mundialmente por sua eficácia, permite examinar exaustivamente os efeitos de uma estratégia, listando seus pontos fortes (forças ou *Strengths*), pontos fracos (fraquezas ou *Weaknesses*), oportunidades (*Opportunities*) e ameaças (*Threats*).

| FORÇAS | FRAQUEZAS |
|--------|-----------|
| - | - |
| - | - |
| - | - |
| ... | ... |

| OPORTUNIDADES | AMEAÇAS |
|---------------|---------|
| - | - |
| - | - |
| - | - |
| ... | ... |

## Alocação de recursos

Uma vez definida a estratégia, é necessário alocar recursos para os níveis tático e operacional. No contexto de uma negociação comercial, por exemplo, normalmente usamos o termo "recursos" no sentido de "verbas orçamentárias". Mas os recursos necessários podem ser financeiros, logísticos e até humanos, dependendo do tipo de negociação.

Quando a estratégia requer múltiplos recursos, sua distribuição normalmente deve ficar a cargo da equipe de negociação. Tal método é preferível, porque deixa os negociadores livres para aplicar as táticas que considerem apropriadas, de acordo com a realidade observada.

Os recursos são o combustível necessário para atingir o objetivo traçado. Cabe ao tomador de decisão fazer uma estimativa apropriada da quantidade e da qualidade dos recursos necessários.

# Alinhamento tático

A última etapa da preparação articula as táticas, ou seja, o desenvolvimento operacional da estratégia. É uma fase crucial, pois finaliza os preparativos para o contato.

## Posição

Como vimos ao tratar das motivações da parte contrária, o papel da posição é apresentar abertamente uma postura ao interlocutor. E isso com respeito a tudo o que geralmente se associa à palavra "posição":

- posição financeira. Exemplo: proposta de um montante inicial;
- posição comportamental. Exemplo: um perfil conservador ou arrojado;
- posição relacional. Exemplo: adotar posição alta (superior) ou baixa (submissa);
- posição espacial. Exemplo: ficar de frente para o negociador;
- posição temporal. Exemplo: prazo, ultimato;
- etc.

> Uma equipe de negociadores da indústria automobilística decide adotar uma posição comportamental atípica para criar ruptura em uma reunião com um fornecedor de autopeças: abusar do silêncio e fingir nervosismo. Trinta minutos depois, o fornecdor, perturbado com o comportamento incomum, e temendo pelo resultado da negociação, decide conversar, depois de dois meses calado.

## Escolha e substituição do negociador

Esta é outra questão que requer responsabilidade e adaptação ao contexto. Uma abordagem flexível demanda uma análise particularmente pormenorizada da situação para trazer à tona os requisitos essenciais à resolução de um conflito ou problema: dinâmica de forças, mapeamento das partes interessadas, utilização de recursos, etc. – critérios que remetem às qualidades particulares de cada negociador.

Uma relação de forças desequilibrada, cuja assimetria possa ser compensada pela ação do poder carismático sobre a "sensibilidade emocional" do interlocutor, requer, sem dúvida, o uso de um negociador com esta habilidade, se a escolha for possível, é claro.

Conclui-se, portanto, que o negociador deve ser designado segundo o contexto, a fim de otimizar as chances de sucesso.

Outra estratégia às vezes adotada é destacar negociadores da mesma origem étnica da parte contrária com o propósito de estabelecer uma ligação mais imediata.

Em alguns casos, é necessário substituir o negociador. Por vários motivos: excesso de envolvimento emocional, blefe em xeque, efeito fusível para fazer uma mudança estratégica, etc. Contudo, nunca é fácil substituir um negociador. É preciso ter muito cuidado nesta fase para que o "enxerto" vingue.

Antes de tudo, o novo negociador terá de apresentar um perfil compatível com a situação em curso. Seria ideal que tivesse competências complementares às do negociador anterior para impor rapidamente o seu estilo e conquistar uma preferência natural. Além disso, se erros foram cometidos no passado, ele deverá ser capaz de apaziguar a situação e até aceitar uma parcela de responsabilidade por algo em que não teve participação direta. Finalmente, ele precisará ser municiado com todas as informações de que o primeiro negociador dispunha, a fim de evitar confusões ou incoerências que possam beneficiar a parte contrária.

Geralmente, a escolha e a substituição do negociador são feitas pelo tomador de decisão, uma vez que, do alto de sua visão global, ele dispõe do distanciamento e da clareza necessários para julgar a situação.

## Soluções inovadoras

Os conflitos são caracterizados por tensões que se cristalizam em torno das posições que as partes interessadas tomam. O papel do negociador é trazer à luz o que está escondido por trás dessas posições e propor soluções satisfatórias, em resposta às forças que se confrontam.

A solução inovadora tem por vocação oferecer alternativas às exigências de uma demanda, a fim de abrir negociação e evitar a guerra de posições.

Um exemplo de solução inovadora é o parcelamento de prestações atrasadas quando o cliente ameaça cancelar a assinatura de um serviço.

Um conjunto inicial de soluções inovadoras sempre deve ser pensado e preparado de antemão para garantir ao negociador um bom jogo de cintura. Outras soluções desse tipo surgirão no decorrer da negociação, graças ao intercâmbio e à coleta de informações.

**Uma solução inovadora deve sempre satisfazer um interesse, jamais uma posição.** Exemplo: um vendedor de espaço publicitário pede 500.000 reais a um anunciante interessado em utlilizar sua rede de painéis no metrô. Fazer uma contraproposta não é uma solução inovadora, mas tão-somente pagar menos por um pedido de fachada. Se o negociador souber que o interesse do vendedor, na verdade, é levantar 300.000 reais para se ressarcir completamente da compra dos painéis, uma solução inovadora seria propor um pagamento de 250.000 reais e comprometer-se a investir a mesma quantia na próxima campanha, daqui a seis meses.

# A CONDUÇÃO

Terminada a fase preparatória, é preciso refletir, com calma, sobre a condução da negociação. Existem vários critérios que possibilitam agir da melhor maneira diante de um interlocutor e conduzir com sucesso um conflito para uma solução negociada.

## Construção de um contexto favorável

O negociador deve considerar o contexto como um pano de fundo que o ajuda a construir uma abordagem positiva.

Ser um negociador positivo significa voltar-se expressamente para o outro, animado pelo desejo de alcançar uma solução negociada. Para isso, não basta adotar uma atitude idônea, mas é preciso também ser capaz de criar condições favoráveis para o relacionamento.

## Tipos de contato

Geralmente, em uma negociação, são possíveis dois tipos de contato: visual e auditivo.

De acordo com o tipo de experiência, é fundamental respeitar certas normas para proporcionar fluidez à relação e tentar construir um relacionamento duradouro.

### CONTATO VISUAL

O contato visual é ocular e físico.

Se o contexto se caracteriza pela presença de uma mesa, o negociador, para mostrar simpatia, ou simplesmente para evitar o conflito, deve optar pela posição *fora de eixo* (ver figura 4). Sentando-se perpendicularmente ao eixo central da mesa, o negociador revela uma postura cooperativa. Nas trocas de confidências ou nas conversas entre amigos e casais, as pessoas optam naturalmente por essa posição, que remete a uma proximidade cúmplice. Embora sejam muito raras, algumas negociações permitem um contato ainda maior com os interlocutores, sentando-se lado a lado. Nesse caso, o negociador é presenteado com uma oportunidade particularmente vantajosa no sentido de criar um contexto favorável.

Inversamente, a *posição em eixo* remete ao confronto. Ficar cara a cara com alguém é uma resposta adaptativa que antecede o combate ou a predisposição para a agressividade – o que, por conseguinte, sugere uma situação antagônica. Não raro, aliás, é a posição que a parte contrária assume quando deseja desestabilizar o negociador logo de início, prática muito comum entre os grandes do varejo.

Figura 4. Esquema de posições

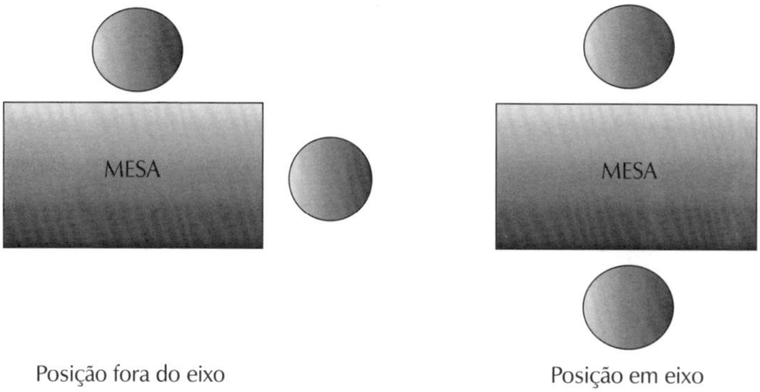

Posição fora do eixo

Posição em eixo

Quando o contato ocorre com as pessoas de pé, sem nenhuma mesa ou obstáculo a separá-las, a distância física entre elas é importante. Edward T. Hall definiu essa noção com o termo *proxemia* (lê-se *prossemia*).[7]

Em seus estudos, ele notou que a proxemia varia entre as diferentes culturas. Nos países latinos, onde o contato físico é fortemente presente, as distâncias entre as pessoas são mais curtas do que nos países nórdicos ou no Japão, por exemplo.

---

[7] Edward T. Hall, *La dimension cachée* (Paris: Seuil, 1984).

Hall também estabeleceu uma territorialidade baseada na combinação de dois fatores: a faculdade perceptiva e a dimensão sociocultural do indivíduo. Nossas interações seriam governadas por bolhas ou esferas invisíveis, de quatro tipos, que seriam reconhecidas por todos:

- a esfera íntima: menos de 45 cm. Define as relações sexuais, íntimas, famíliares ou amorosas;

- a esfera pessoal: entre 45 cm e 125 cm. Define as relações confidenciais, pessoais e entre amigos;

- a esfera social: entre 125 cm e 360 cm. Define as relações interpessoais, sociais e formais no âmbito do trabalho;

- a esfera pública: maior de 360 cm. Define a distância da oratória.

Essa hierarquização territorial, é claro, deve ser relativizada de acordo com as especificidades do contexto. Estar no elevador com estranhos, por exemplo, não é uma situação peculiar à esfera privada. A promiscuidade, no caso, deriva do espaço do elevador, não do desejo de aproximação entre os indivíduos.

**Em negociação, é importante identificar rapidamente a distância de proximidade desejada pela parte contrária.** E essa distância depende dos seguintes fatores:

- ambiente sociocultural: meio em que o indivíduo se sente à vontade e onde estruturou sua formação social. *Exemplo: interlocutor de um país mediterrâneo, que prefere distâncias curtas;*

- vontade do interlocutor: se o ambiente sociocultural determina a proxemia, aqui ela pode ser alterada segundo a disposição do indivíduo. *Exemplo: interlocutor que deseja manter uma distância proposital para declarar posição antagônica;*

- caráter idiossincrático: se o ambiente sociocultural pode definir a proxemia preferida de um país ou de uma região específica, os indivíduos não deixam de se caracterizar pela singularidade. Assim, a esfera íntima, por exemplo, pode se estender, em certos indivíduos, a 70 cm.

Uma vez identificada a proxemia desejada pelo interlocutor, o negociador deve certificar-se de respeitá-la, para não cair em uma armadilha.

Uma proximidade além da desejada pode ser considerada uma invasão, com impacto significativo nas negociações. Por outro lado, um distanciamento inadvertido pode ser interpretado como desatenção ou até como um sinal de desconfiança pelo interlocutor.

## CONTATO AUDITIVO

O contato também pode ser auditivo. Corresponde, no caso, ao uso de um telefone, um alto-falante ou até de uma voz por detrás da parede. Na ausência do contato visual, os contatos *verbal* e *paraverbal* dominam a atenção.

A linguagem verbal engloba tudo o que diz respeito às palavras: predicados, retórica, escolha de vocabulário.

Um negociador dotado de uma autêntica fluência verbal, exposto à necessidade de se adaptar ao interlocutor e à situação, sempre estará em melhor condição do que um que tartamudeia palavras inadequadas ou se mune de um vocabulário extremamente pobre.

A linguagem paraverbal compreende a pronúcia, a entonação, o fluxo e até a espontaneidade da elocução. Sua função é sustentar a voz e o ritmo da fala, seja criando ênfases, seja manifestando ressalvas.

> Sequestro fracassado na região de Nice, na França. Os dois sequestradores, cercados, mantêm uma jovem como refém. Após o primeiro contato telefônico, um deles apresenta suas reivindicações com um acentuado sotaque do sul da França. A fim de criar um contexto favorável, o chefe do grupo de negociação destaca um negociador com o mesmo sotaque. Rapidamente, um vínculo se cria entre os dois e, duas horas depois, os sequestradores se entregam.

Em um contato auditivo, é altamente recomendável destacar um negociador com capacidade de eloquência. Se o contato visual oferece a possibilidade de compensar um déficit de fluência verbal por meio do comportamento, da vestimenta ou de um rosto agradável, isso não ocorre com o contato auditivo. Consequentemente, conteúdo à parte, cabe à voz e às palavras assumir sozinhas a tarefa de exercer influência sobre a parte contrária.

## Atitude positiva

O negociador deve ser capaz de moldar seu comportamento para se tornar mais dinâmico e positivo aos olhos do interlocutor. Isso implica estar sempre preparado para adotar uma atitude **solidária**, qualquer que seja a natureza do conflito.

É fácil, e sobretudo natural, estabelecer sincronia com um interlocutor interessado. Mas diante de uma situação delicada em que a parte contrária dá provas flagrantes de má-fé e não poupa atitudes desestabilizadoras, a atitude positiva faz sentido e, frequentemente, a diferença. Em muitos casos, isso significa ir contra a natureza, na qual as emoções prevalecem sobre a razão. No entanto, jogar o jogo de um interlocutor beligerante só pode levar à escalada e culminar em uma situação de impasse.

Criar um ambiente favorável ao diálogo e à resolução de conflitos também requer demostrações efetivas de **disponibilidade**. E disponibilidade, por exemplo, é mostrar ao interlocutor que o tempo não tem precedência sobre o momento presente. Muitas vezes, os indivíduos em crise, com raiva ou tão-somente contrariados têm um desejo incontrolável de dizer tudo o que pensam. A indisponibilidade aqui se traduziria pela tentativa de cortar o palavrório deles. Já a disponibilidade se expressa pela atenção e o tempo dispensados gratuitamente.

O negociador também deve demonstrar **calma** e **estabilidade**. Por definição, os comportamentos erráticos e agitados nos perturbam, ao passo que as atitudes calmas e ponderadas nos tranquilizam. Quanto mais o negociador for capaz de demonstrar serenidade, mais ele conseguirá transmitir a impressão de ter o controle da situação, o que fará com que o interlocutor, em um primeiro momento, se contenha e, depois, se acalme.

O **respeito aos códigos** é outro pré-requisito importante. E isso tanto pode significar seguir o protocolo em negociações diplomáticas, como simplesmente usar uma gravata, se o interlocutor exige trajes formais. Ignorar os códigos pode ser duplamente prejudicial. Em primeiro lugar, o negociador perde uma boa oportunidade de causar uma primeira impressão favorável – e muito frequentemente ele só se apresenta uma vez – e, em segundo lugar, ele corre o risco de ser posto em uma situação de desvantagem, o que só beneficiaria a parte contrária.

Em uma negociação comercial, um fornecedor de artigos esportivos decide ir à reunião com um potencial comprador usando *jeans* e tênis, com o objetivo de mostrar proximidade e exibir o DNA esportivo da marca. Ao primeiro contato, o comprador, vestido em um terno impecável, ofende-se com o que vê, cancela a reunião e pede ao fornecedor que saia de seu escritório. Mais tarde, o fornecedor descobriria, da pior maneira possível, que aquele executivo considerava vestir-se informalmente em ocasiões formais uma falta de respeito indesculpável.

Finalmente, a criação de um ambiente favorável requer uma **boa preparação e domínio do assunto**. A demonstração de conhecimento desperta no interlocutor consideração e atenção – os dois primeiros requisitos da credibilidade.

Todos esses fatores convergem para um objetivo comum: **a dinâmica de confiança**. Em situações extremamente conflituosas, o negociador que conta com o crédito da parte contrária sempre será visto como um farol aceso em meio à tempestade. É a confiança que lhe permitirá abrir portas há muito tempo trancadas e estabelecer ligações que ganharão o futuro.

Sem confiança, a relação não existe. Reatar um diálogo interrompido, impedir um sequestrador de executar um refém, construir um relacionamento comercial ou administrar um relacionamento interpessoal conflituoso só é possível por meio da criação de uma dinâmica de confiança entre as partes interessadas.

## Primeiro contato

É preciso ainda considerar um último ponto para colocar o negociador no melhor de sua forma antes de iniciar uma negociação: a preparação para o contato.

As primeiras palavras e frases trocadas são cruciais, principalmente nas chamadas negociações sensíveis, quando a parte contrária tentará por todos os meios eximir--se de qualquer responsabilidade pelo conflito. Para evitar deslizes, recomenda-se que o negociador prepare muito bem, e até mesmo anote, as primeiras frases que pretende dizer e as objeções que podem ser feitas.

Uma boa preparação para o primeiro contato pode dar ocasião ao fenômeno psicológico conhecido como ancoragem, que mantém o interlocutor preso ao impacto causado pela primeira impressão. O que significa que, quanto mais o negociador se revelar influente no primeiro contato, mais ele se beneficiará dessa aura positiva no decorrer das conversações. Inversamente, um primeiro contato desastroso pode ser prejudicial para o prosseguimento da negociação.

## Condução técnica

Por *condução técnica*, entende-se a utilização de ferramentas adequadas para lidar com os diferentes riscos que uma situação pode impor. Valendo-se da técnica adequada, o negociador estará apto a compreender as verdadeiras motivações da parte contrária, manter o controle sobre a negociação e erguer um muro contra as mais diversas técnicas de desestabilização que ele encontre pela frente.

### Qualificação da informação

Uma das primeiras dificuldades que o negociador enfrenta é a multiplicidade e a diversidade das informações "enviadas" pela parte contrária.

As negociações se caracterizam por uma relação comunicacional marcada por uma sucessão de proposições tão abundantes quanto heterogêneas.

A tarefa do negociador é separar essas informações e atribuir a cada uma delas um valor, a fim de **identificar** os elementos que podem ser capitalizados e os que só apresentam interesse marginal.

As *informações de baixo valor agregado* são, por definição, as que estão à margem da negociação. Não trazem quase nenhuma, ou muito pouca, contribuição para o negociador. São discursos estéreis, retórica vazia, juízos de valor, pensamentos inoportunos, etc. Mesmo demonstrando empatia, o negociador deve descartar educadamente esse tipo de conversa e reorientar o debate para pontos que possam ser realmente úteis.

As *informações de alto valor agregado* constituem o núcleo das negociações. São ricas de significado e conteúdo, embora seu valor possa parecer relativo à primeira vista. São demandas, ameaças, reflexões, elementos do contexto, histórico do problema, etc. Afinal, o papel do negociador é decifrar o que está na superfície para entender as verdadeiras motivações e objetivos da parte contrária.

## Compreensão da informação

Uma vez separadas as informações importantes, o negociador terá de "espremê-las", para extrair delas o essencial: seu significado.

Nesse sentido, os trabalhos de Carl Rogers, psicólogo clínico americano e humanista do século XX, sobre a empatia e a escuta ativa são particularmente interessantes, pois permitem transposição para o campo da negociação. Sua abordagem, centrada na pessoa, merece especial atenção, pois estabelece que, para instaurar um vínculo e firmar uma relação duradoura com o paciente, o terapeuta deve adotar uma postura pautada pela escuta empática, pela autencidade e pelo não julgamento.

Quer na neutralização de personalidades complicadas, quer na identificação dos interesses da parte contrária, essa postura, sem dúvida, tem uma ressonância importante no âmbito das negociações complexas.

O dicionário *Larousse* propõe a seguinte definição para empatia: "faculdade intuitiva de se colocar no lugar do outro, de perceber como ele se sente". Tal definição servirá de pano de fundo para as técnicas discutidas a partir de agora.

## SINCRONIZAÇÃO FÍSICA

Também conhecida como "efeito espelho", a sincronização física visa aproximar-se dos sinais comportamentais emitidos pelo interlocutor. O negociador adota atitudes não verbais que, inconscientemente, são captadas pelo outro. Algo como imitar o ritmo de sua respiração ou os meneios que ele faz com a cabeça.

Bem executados, tais movimentos serão imperceptíveis ao olho do interlocutor. No entanto, seu inconsciente captará a melodia comportamental, o que pode, por exemplo, acalmar um indivíduo afetado por um extravasamento emocional, ou criar um vínculo imediato com um interlocutor interessado.

## SINCRONIZAÇÃO VERBAL

A sincronização verbal, por sua vez, vale-se dos predicados usados pelo interlocutor a fim de permitir uma rápida conexão. Os políticos frequentemente se distanciam dos eleitores por empregar uma retórica incompatível com a deles. Entrar em sintonia com a retórica do outro é não só uma sinalização de respeito importante como também garantia de suscitar escuta e consideração.

> Interlocutor: "Faz dois dias que vocês não dão notícias. Ficam lá sentados nos seus escritórios bacanas, enquanto a gente aqui trabalha feito louco! Já não está na hora de dar uma olhadinha para o chão de fábrica? E depois ficam dizendo que não querem greve! É de encher a paciência!"
>
> Negociador (não sincronizado): "Visivelmente alguma coisa aconteceu nestes dois dias para os senhores demonstrarem tamanha insatisfação com a direção. Posso saber qual é o motivo exato dessa insatisfação?"
>
> Negociador (sincronizado): "É, com certeza, alguma coisa vai mal. Então me diga o que está enchendo a paciência de vocês, pra que eu possa entender melhor."

## PARÁFRASE

A paráfrase consiste em repetir intencionalmente uma frase ou palavra isolada considerada importante pelo negociador, o que não só revela interesse pelas observações do interlocutor, como também sugere uma boa compreensão do que foi dito.

> Interlocutor: "Algo me diz que o senhor está mentindo para mim."
>
> Negociador: "Então acha que eu estou mentindo para o senhor, é isso?"

Parafrasear é particularmente útil para sensibilizar um interlocutor difícil para a incoerência de suas palavras depois de uma exigência irracional. O efeito pretendido é uma ressonância na psique do ouvinte, que fuciona como um *flashback*. O peso das palavras proferidas é transferido para o interlocutor, sem ele perceber.

## Reformulação

Se a fronteira entre a reformulação e a paráfrase pode parecer nebulosa, note que a reformulação não lança mão das palavras usadas pelo interlocutor. Aqui, o negociador prefere reformular o conteúdo da oração, usando suas próprias palavras.

> Interlocutor: "Algo me diz que o senhor está mentindo para mim."
>
> Negociador: "Quer dizer que o senhor não acredita em mim?"
>
> Interlocutor: "Sua proposta não me agrada."
>
> Negociador: "Não acha minha oferta interessante?"

É importante alternar a paráfrase e a reformulação. O uso excessivo da paráfrase pode causar uma sensação de aborrecimento no outro, o qual pode até imaginar que suas palavras estão sendo repetidas, mas não compreendidas. A reformulação traz maior flexibilidade ao diálogo e será recebida como mais pessoal pela parte contrária.

## REFLEXO

O negociador pode optar por repetir uma palavra específica de uma sentença pronunciada pelo interlocutor, a fim de interpelá-lo e obrigá-lo a se justificar. Isso provoca uma quebra intencional no diálogo, permitindo que o negociador assuma o controle da situação.

> Interlocutor: "É a terceira vez que eu lhe digo isso!"
> Negociador: "Terceira?"

## ECO

Aqui, o efeito pretendido é semelhante ao do reflexo. Só que o negociador repete apenas a última palavra, mais ou menos como o eco de uma voz no interior de uma caverna, que só repete o fim da frase.

> Interlocutor: "Da última vez, sua proposta me deixou realmente perplexo."
> Negociador: "Perplexo?"

## SILÊNCIO

Infelizmente, o uso do silêncio não é uma prática muito comum em negociação. Não é somente a natureza que tem horror ao vazio – muitos negociadores têm a tendência de encher de palavras qualquer buraco na conversa, por duas razões principais: para não ficar constrangidos e para não deixar o outro constrangido. Usado corretamente, porém, o silêncio é uma arma formidável, pois permite:

- criar ruptura em um contexto tenso;
- simular reflexão para forçar a parte contrária a se manifestar;
- dar peso a um assunto específico;
- mostrar que o negociador não tem pressa.

## ENDOSSO

Esta técnica consiste em endossar o sentimento do outro para fazê-lo se abrir. Caracteriza-se pelo uso de expressões de admiração, com valor de estímulo.

> Interlocutor: "Levei dois dias para me recuperar!"
> Negociador: "Não diga!"
>
> Interlocutor: "Esse cara não me disse nada de útil."
> Negociador: "Ah, é?"

## PERGUNTAS ABERTAS

Ao contrário das perguntas fechadas, que requerem respostas precisas (sim ou não, por exemplo), as perguntas abertas demandam explicações. Por isso mesmo, são elas que abrem o discurso quando o objetivo é obter informações extras. Os advérbios interrogativos "como" ou "por que" são muitas vezes usados no contexto das questões em aberto.

> Interlocutor: "Não sei o que deu em mim, mas eu dei um soco nele."
> Negociador: "E como foi que isso aconteceu?"

### NOTA SOBRE O TRATAMENTO FORMAL

Na primeira reunião, usar o tratamento formal – "o senhor", "a senhora", "os senhores", etc. – é indispensável, mesmo que o interlocutor informalmente se esforce por mudar o tratamento para "você". Como o negociador não conhece a motivação desse esforço, é altamente recomendável insistir no tratamento formal. É verdade que a parte contrária às vezes só deseja mostrar gentileza e acenar para uma relação mais próxima. Por outro lado, pode ser que a intenção seja criar um ambiente falsamente amigável, aberto e reconfortante para, em seguida, adotar uma postura oposta, caso a situação "azede".

A menos que a parte contrária solicite explicitamente a mudança de tratamento, ou quando a relação é antiga, manter o tratamento formal protege o negociador no caso de uma virada inesperada, além de expressar respeito.

Só para dar um exemplo: um fornecedor pleiteia uma compensação de perdas e é chamado por seu distribuidor exclusivo para debater a questão. O fornecedor depende inteiramente do distribuidor e, portanto, a balança de poder está claramente desequilibrada. Desde o iníco da conversa, o distribuidor demonstra extrema gentileza e adota amistosamente o tratamento "você", coisa que o fornecedor nunca tinha visto, em seis meses de relações comerciais. Para se ajustar ao interlocutor, ele também passa a chamá-lo de "você". Dez minutos depois, o distribuidor, muito calmamente, lança um ultimato, que o fornecedor tenta contestar como pode. É quando o distribuidor muda de tom e dispara: "Quem foi que lhe deu o direito de me chamar de você?".

# Condução emocional

A criação de um elo entre o negociador e o interlocutor só pode ser alcançada por meio de uma *relação emocional*. Sem emoção, a comunicação se assemelha apenas ao registro de um encefalograma, ou é como pedir as horas a um assistente de voz computadorizado. Nós, humanos, somos antes de tudo seres animados por sentimentos, e é isso que nos distingue da maioria dos animais.

Todo homem, pelo menos se não for portador de alguma doença rara, comunica-se expressando sentimentos. Seu rosto se transforma com base na emoção, sua frequência cardíaca se acelera ou desacelera de acordo com suas reações psíquicas e sua experiência é totalmente subjetiva.

O papel do negociador é identificar no outro essas emoções e compartilhá-las com ele.

## Identificação de emoções

Quanto mais pontuada de complexidade é a negociação, mais o corpo e a voz tendem a comunicar emoções. É o desafio que provoca as reações mais notáveis. Sem desafios, as emoções se anulam ou só se expressam muito timidamente.

Identificar as emoções do outro é ir além do que elas representam no discurso. Essa visão empática consiste na compreensão de todos os estados subjetivos que uma pessoa possa experimentar. É precisamente apontando e dando nome às emoções identificadas no outro que o negociador pode penetrar seus pensamentos e provocar ressonâncias importantes em seu espírito.

Contudo, se na identificação há esforço para entender as motivações de um indivíduo neste ou naquele momento, essa mesma identificação não pode, em circustância alguma, significar que se compactua com comportamentos. Essa distinção é fundamental, e sem ela o negociador corre o risco de perder o discernimento. Compreender a raiva de um indivíduo não significa compactuar com uma eventual agressão física que ele venha a cometer contra um colega. A técnica aqui consiste apenas em determinar os mecanismos que suscitaram a raiva e levaram o indivíduo a explodir.

> Interlocutor: "Eu não aguento mais essas condições de trabalho. Pressão da chefia, revisão de planos toda semana, fofoca nos corredores, não dá mais! Entende o que eu digo?"
>
> Negociador: "Pelo que me diz, o senhor está muito estressado com a situação."

Identificar emoções requer um comportamento literalmente voltado para o outro. Tem de haver *coerência* entre o que a voz comunica e o que o corpo expressa. É um conjunto de fatores que confere harmonia ao discurso. Se em algum momento, um só vetor de comunicação entrar em contradição com outro, o interlocutor julgará a abordagem capciosa, destruindo a via de acesso emocional buscada pelo negociador.

## Compartilhamento de sentimentos

Outra forma de estabelecer uma relação emocional é compartilhar os nossos sentimentos com o outro. No contexto da dinâmica de confiança, é uma técnica duplamente vantajosa. Primeiro, porque, sem dúvida, permite uma abordagem empática, orientada para o interlocutor. Depois, porque realça a figura do negociador, que se dispõe, por determinação e vontade própria, a revelar suas emoções.

Essa técnica pode ser usada para fazer eco a certas colocações ou para conscientizar o outro do peso das palavras que profere.

> Interlocutor: "Não me agrada dizer isso, mas não vou mais trabalhar com os senhores. As coisas estão muito complicadas."
>
> Negociador: "Confesso sinceramente que essa notícia me entristece."

Expressar os próprios sentimentos fortalece o envolvimento do negociador, dotando-o de uma dimensão mais pessoal. Quem quer que seja o interlocutor, ficará com o apelo emocional de suas palavras ecoando na mente.

## Jogo de posições

Toda negociação é regida por um jogo de posições.

A posição é a relação que se estabelece entre as partes, configurando equilíbrio ou assimetria. Essa estrutura, além de determinar o tom da negociação, fornecerá a visibilidade necessária para o negociador encontrar sua própria posição, adaptando-se ao problema e ao interlocutor.

Durante uma negociação, cada parte tenta encontrar uma posição que lhe seja favorável. Em situações sensíveis cuja relação de forças é claramente desequilibrada, a parte que detém o poder geralmente assume uma posição dominante, a fim de tirar proveito da situação existente. Que lugar deve ocupar o negociador?

Primeiro, consideremos as posições disponíveis, que são três:

- *posição alta*: quem a ocupa procura prevalecer sobre o interlocutor. É a posição usada em contextos de confronto, de passagem forçada ou a fim de sustentar demandas coercitivas;

- *posição intermediária*: aqui o ocupante procura manter uma relação positiva e ouvir o outro. É a posição usada no contexto da busca de interesses comuns entre as partes envolvidas;

- *posição baixa*: o ocupante procura parecer fraco ou se encontra realmente subjugado pelo contexto (relação de forças completamente desequilibrada, estado individual de choque emocional, interlocutor desorientado, etc.).

Em uma negociação complexa, exceto quando a tática exige o contrário, normalmente o negociador espera o interlcutor assumir posição na relação, para, depois, adaptar-se à situação. Essa opção reativa lhe garante melhores

108  Manual de negociação complexa

condições de antecipar o que vem pela frente, no decurso das negociações: recusas de continuar, conflitos de poder, ultimatos, necessidade de reconhecimento, etc.

Como no jogo, é mais fácil assumir uma posição depois que todos fizeram suas apostas.

Figura 5 – As posições em uma negociação complexa

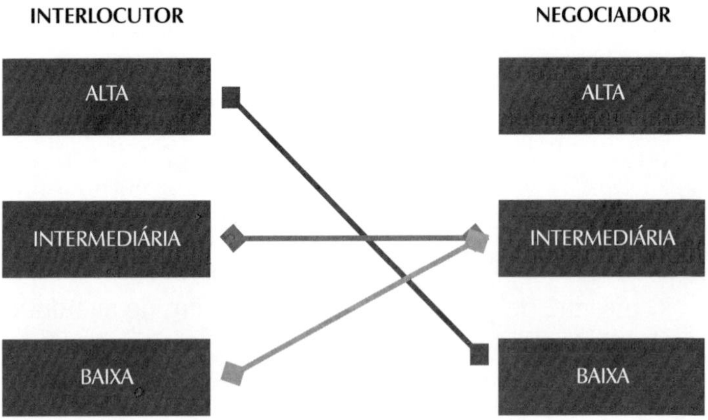

**Caso 1:** o interlocutor se coloca em uma posição alta.

Nesse caso, a posição adotada pelo negociador deve ser baixa, para não alimentar o conflito, nem bater de frente com o ego do interlocutor. Se, à primeira vista, o negociador pode parecer fragilizado por deixar os holofotes para o interlocutor, o fato é que em breve ele terá de assumir o comando da negociação, de modo que, no fundo, será ele o ator principal.

A relação entre negociador e interlocutor, no caso, é considerada como complementar.

**Caso 2**: o interlocutor assume uma posição intermediária.

O negociador responde adotando a mesma posição, a fim de preservar a fluidez da relação. Note-se, porém, que em certas ocasiões a tática pode exigir a adoção de uma posição temporariamente alta, para acelerar um processo em andamento ou apressar uma decisão.

Aqui a relação é considerada simétrica.

**Caso 3:** o interlocutor exibe uma posição baixa.

Em uma negociação complexa, a posição baixa é muitas vezes sinônima de falta de recursos ou de discernimento. O negociador, para inspirar confiança e respeito no interlocutor, deve adotar uma posição intermediária, centrada na escuta atenta e no conhecimento da questão em pauta.

Aqui também a relação é considerada complementar.

# Intuição

Em negociação, existe uma realidade unanimemente reconhecida: quanto mais abundante e difícil de decifrar é a massa de informações, mais o pensamento racional perde espaço para a intuição.

A intuição é uma faculdade psicológica que possibilita um conhecimento direto e imediato de alguma coisa, sem recurso ao processo cognitivo. Surge, portanto, fora do âmbito do pensamento racional e impõe-se nas situações concretas.

Se os filósofos ainda não chegaram a uma conclusão sobre seus mecanismos, a negociação complexa comprova que a intuição se alimenta das informações que emanam das memórias que vamos acumulando e das percepções que vamos registrando ao longo do tempo. É exatamente isso que faz com que, diante de uma situação complexa, um negociador tarimbado, que aprendeu com a experiência, geralmente revele mais astúcia ao fazer um julgamento intuitivo do que um negociador principiante. Isso se deve aos fracassos e sucessos passados, que, como reflexos positivos, permanecem armazenados, em constante alerta, no inconsciente do negociador, e sobem à tona sempre que uma situação apresenta os mesmos componentes de uma situação já vivida.

Como o jogo de pernas para um boxeador, a intuição é vital para o negociador pensar com serenidade, principalmente quando o pensamento não é mais capaz de processar e analisar a complexidade das informações, muitas vezes contraditórias ou demandando soluções urgentes. Como disse o poeta André Suarès: "A intuição é uma visão do coração no interior das trevas". Ela acende quando a luz se apaga.

O limite da intuição, no entanto, é a subjetividade. Muitas vezes, ela não passa do resultado de uma interpretação pessoal, o que a torna ainda mais frívola aos olhos de muita gente. Por isso sempre é recomendável compartilhar uma intuição em equipe. Se, por sua própria natureza, é impossível "analisá-las" – como se faz com o pensamento cartesiano, por exemplo – as intuições podem trazer à tona fragmentos de informações interessantes para alimentar uma reflexão geral.

# Entraves à relação

Se para Sartre "o inferno são os outros",[8] em uma negociação nossos piores inimigos somos nós mesmos. Somos seres humanos, sujeitos a emoções, atalhos cognitivos, preconceitos, erros de julgamento ou tropeços comunicativos. Elementos que podem nos comprometer no relacionamento com o outro.

Quanto mais o negociador se conscientizar desses perigos, mais ele se encontrará em posição de se defender.

## Predicados negativos

Cada mensagem veiculada pelo negociador vem com um núcleo e uma casca.

O núcleo é a base da mensagem, seu conteúdo, seu efeito simbólico, sua capacidade de gerar reflexão. A casca, por sua vez, define a superfície, a dimensão emocional, a capacidade de relativizar o conteúdo da mensagem, ou seja, seus predicados.

Ora, o núcleo e a casca têm importância idêntica na mensagem, cada um exercendo seu poder sobre o outro. Por exemplo, uma mensagem que busca transmitir um

---

[8] Jean-Paul Sartre, *Huis clos* (Paris: Gallimard, 1947).

conteúdo de paz, acompanhada de predicados associados à guerra ou ao crime, não pode alcançar o efeito pretendido. Nesse caso, a casca desgarrou-se do núcleo, e o resultado disso é uma incongruência.

No âmbito das negociações complexas, também é preciso evitar o uso dos predicados negativos. Eles não só desvalorizam o conteúdo da mensagem, como podem imprimir no negociador uma imagem negativa. Muitas vezes, o negociador intervém para encontrar uma solução ou solicitar do outro um esforço que até então estava indisponível. Isso demanda uma atitude positiva, que deve encontrar apoio em uma sábia utilização dos predicados.

> Interlocutor: "Repito: sem aqueles 100 mil reais que eu lhe pedi, cancelo todos os meus pedidos de compra. E eu disse todos, entendeu?"
>
> Negociador ineficaz: "Olha, eu *não* vou esconder do senhor que vai ser muito *difícil* conseguir essa quantia, especialmente nestes tempos de crise."
>
> Negociador eficaz: "100 mil reais é uma *bela* quantia. Mas me diga, para que eu entenda *melhor*: para que o senhor precisa de 100 mil reais agora?"

## Palavras carregadas de significado

Algumas palavras, quando ditas, produzem uma ressonância especial na mente do interlocutor. Causam, sem querer, reações espontâneas, que podem pesar no decorrer da negociação e até colocar o negociador em risco.

## "Sim"

O "sim" é uma faca de dois gumes para o negociador. É claro que seu uso tem conotação positiva, porque faz fluir naturalmente a relação. No entanto, a palavra tem proporções tão comprometedoras que podem acabar, muito rapidamente, absorvendo o negociador. A negociação é, entre outras coisas, um desfile de concessões, e até por isso é importante saber dizer "sim", mas tem de ser no momento certo, para evitar a criação de vínculos de dependência.

> Interlocutor: "Então, pode me ajudar nisso?"
> Negociador (comprometido demais): "Sim, é claro."
> Negociador (precavido): "Acho que posso, vamos ver."

"OK" equivale a "sim". Portanto, a recomendação de precaução vale para as duas palavras.

> Interlocutor: "Veja, eu realmente estou precisando que me dê uma mãozinha nestes documentos. Pode me ajudar?"
> Negociador (comprometido demais): "OK."
> Negociador (precavido): "Vou ver o que posso fazer."

## "Mas"

O "mas" é realmente uma palavra carregada de significado e pode abalar fortemente a continuidade de uma relação, mesmo quando a mensagem transmitida tem até conotações positivas. Para usar uma imagem familiar, é como uma pancada que um sujeito escondido na esquina aplica sobre um passante desavisado.

Sua primeira falha é perverter o sentido da mensagem. O "mas" impõe uma condição ao outro, que, queira ou não, terá de arcar com suas consequências.

Seu segundo defeito é provocar reações acirradas e defensivas. No contexto das negociações sensíveis, reações assim podem alimentar a posição alta de algum interlocutor de personalidade complicada, o que logo resultaria em um negociador em apuros e dando a cara a bater.

Finalmente, em muitos casos, o "mas" é um ponto de ruptura, fazendo com que o interlocutor decida, voluntariamente, a não dar continuidade à relação.

Para evitar essas armadilhas, deve-se substituir o "mas" pelo "e". Assim, a mensagem segue fluida, a condição implícita se atenua e a atenção do interlocutor é mantida.

> Interlocutor: "Então? Pode me ajudar com isto?"
> Negociador ineficaz: "Eu gostaria, mas preciso que o senhor..."
> Negociador eficaz: "Com todo prazer e, para isso, só vou precisar que..."

## "Não"

O "não" tem três notórios inconvenientes.

Primeiro, ninguém admite um "não". Logo, dizer "não" coloca o negociador em uma posição desconfortável, que naturalmente o fragiliza diante do interlocutor.

Em segundo lugar, o "não" incita o interlocutor ao contra-ataque, o que não raro o leva a intensificar seu jogo.

Finalmente, o "não" fecha, definitivamente, todas as portas para quaisquer soluções e alternativas inovadoras. Muitas vezes, a demanda é enterrada pelo interlocutor, que decide arcar com o peso de sua decisão.

Além disso, em qualquer situação, dizer "não" expõe o negociador a uma infinidade de reações agressivas.

Para fugir dessa sina, só resta ao negociador analisar muito bem as motivações da parte contrária e tentar entender o que realmente está por trás de suas exigências.

## Quadro de referência

**É importante lembrar que cada indivíduo estrutura sua realidade de acordo com diferentes vertentes: experiência, educação, religião,** gênero, percepção ou até o estado de espírito em que se encontra no momento. É isso que explica a heterogeneidade e a divergência das informações colhidas entre as diferentes testemunhas de um crime. Dependendo de seu universo preferencial, algumas se lembrarão de cheiros, outras da arma do crime, do número de disparos, do rosto do suspeito, das roupas da vítima, etc. E é interessante constatar que até mesmo um elememento observado por todas pode suscitar divergências, de modo que, entre duas testemunhas que concentraram a atenção no rosto do criminoso, por exemplo, uma poderá descrevê-lo como tendo bigode, enquanto a outra garante que ele não tem. Alguém está mentindo? Não.

O prisma de nossa percepção distorce a realidade. Uma não viu o bigode, mas notou a cor dos olhos do sujeito, o que, por sua vez, pode ter passado batido pela outra.

Em negociação, um erro bastante comum é ignorar o quadro de referência do outro. Na ânsia de tentar entender rapidamente tudo o que observa, o negociador corre o risco de aplicar seus modelos ao outro e tirar conclusões precipitadas e tendenciosas. Isso o leva a julgar uma situação ou pessoa com base em seu próprio quadro de referência. E a realidade do outro, consequentemente, é desconsiderada.

Todas as informações fornecidas pela parte contrária são, por definição, relativas. Elas vêm envoltas em sentimentos, moldadas pela percepção, reforçadas pela experiência ou até embelezada para alcançar um objetivo. Em meio a tudo isso, uma demanda racional pode ser tomada como irracional pelo negociador, simplesmente pelo fato de não fazer parte de seu quadro de referência.

> Litígio entre duas nações de médio porte, aqui chamadas de Alfa e Beta, por questão de sigilo. Alfa busca consolidar sua posição militar em um país vizinho a Beta. Para isso, consulta Beta sobre a possibilidade de manter tropas em trânsito, durante dois meses, em um território sob jurisdição de Beta. Beta aceita, mas só mediante um pagamento de aluguel de 1 milhão de dólares mensais (2 milhões por toda a operação). A exigência é considerada irracional, improcedente e inadmissível, e a negociação "atola" rapidamente. Alfa está convencida de que a exigência de compensação financeira corresponde a uma recusa educada de Beta.

*(cont.)*

> A posterior intervenção de um negociador experiente ajudou a relativizar a opinião de Alfa sobre Beta. Beta é historicamente uma área estratégica. Durante séculos, é cobiçada por interesses internacionais, por causa de seus recursos hídricos, terras férteis e posição geográfica. Os governos anteriores de Beta sempre cobraram pesados tributos, semelhantes ao que o governo atual está pedindo agora, para autorizar a travessia, a exploração de recursos ou a implantação de empresas estrangeiras no país – e acreditam estar no seu direito. Este era o quadro de referência de Beta, que passou despercebido ao entendimento de Alfa.

Uma forma de entrar no quadro de referência do outro é considerar a possibilidade de todas as suas demandas serem legítimas. Se muitas delas não resistirem à análise e continuarem parecendo posições irredutíveis ou demandas de fachada, pode ser que outras se revelem de fato ligadas a um quadro de referência diferente. Essa abordagem requer empatia, e até mesmo compaixão, por parte do negociador, a fim de compreender os mecanismos que levaram a essas demandas. Compaixão em latim significa "sofrimento compartilhado", e o termo é frequentemente usado em psicoterapia como meio de entrar em contato com pacientes difíceis.

Contudo, embora se reconheça que a demanda do interlocutor também possa fazer sentido, se o objetivo permanecer inatingível, o negociador deve estimulá-lo a sair momentaneamente de seu quadro de referência. O objetivo disso é conscientizar o outro de que ele também pode mudar de posição. Não se trata de tentar convencer o interlocutor de que o ponto de vista do negociador é melhor, mas de deslocar o foco da questão de tal maneira que a parte contrária possa entender que sua demanda também pode ser tomada por ilegítima, dentro de um outro contexto.

## Perguntas fechadas

As perguntas fechadas pedem respostas precisas, o que limita a possibilidade de diálogo. Se o interlocutor é do tipo calado ou pouco dado a se abrir, a pergunta fechada deve ser evitada, a menos que a intenção do negociador seja confirmar uma informação que já tem ou que acabou de colher.

> Negociador: "Quer dizer que o senhor não quer falar comigo?"
> Interlocutor: "Não."
>
> Negociador: "Por que senhor não quer falar comigo?"
> Interlocutor: "Porque eu tenho mais o que fazer."
> Negociador: "Como o quê?"

As perguntas fechadas restringem a busca de informações muitas vezes vitais para a compreensão de um conflito. Por falta de atenção, muitos negociadores as utilizam e se deparam com uma resposta lacônica do tipo "sim" ou "não". A conversa trava e o silêncio, ou postura de poder, que se segue desestabiliza o negociador.

A menos que a intenção seja apenas confirmar um ponto, convém adotar como padrão as perguntas abertas, que permitem instaurar e conduzir o diálogo na sequência.

## Preservação do ego do outro

Um dos princípios básicos da negociação é preservar o ego da parte contrária. Sem essa consciência, as melhores ideias e as melhores intenções correm risco de desabar como o mais rudimentar dos castelos de cartas.

O ego é a percepção que cada um tem de si mesmo. Se essa correlação nem sempre é óbvia, basta notar que quanto mais um ser humano é capaz de exercer poder sobre outro, maior é sua propensão a desenvolver um ego robusto. E disso se deduz que quanto mais seu ego for desmantelado, mais ele tentará, a todo custo, recuperá-lo, de uma forma ou de outra.

Em negociação complexa, preservar o ego do outro é um axioma absoluto. É fundamental considerá-lo como uma "terra santa", que não pode ser devassada.

Logo, o conteúdo de cada mensagem ou a proposta do negociador deve levar em conta as suscetibilidades do ego do interlocutor.

> Interlocutor: "Eu não entendo, não consigo chegar ao mesmo resultado que o senhor. E posso garantir que não me engano nunca!"
>
> Negociador ineficaz: "Obviamente, o senhor cometeu algum erro de cálculo. Veja, aqui o senhor subtraiu em vez de dividir, isso é normal."
>
> Negociador eficaz: "Vamos ver... proponho refazermos todo o cálculo juntos."

Por definição, o ego do interlocutor é preservado quando ele se apropria da mensagem por si mesmo. E este é, precisamente, o papel do negociador: orientar o discurso na direção de uma tomada de consciência.

# O FECHAMENTO

Uma vez alcançado o acordo, é importante saber cumprir as etapas finais. Qualquer deslize pode levar a uma reabertura inoportuna da negociação, em proveito da parte contrária. Um bom fechamento garante não só a adesão do interlocutor à solução negociada, como também uma aplicação correta.

## Simplificar as coisas

O negociador precisará dispor de toda a sua capacidade de pedagogia e síntese para entregar à parte contrária um acordo compreensível e de simples aplicação. Quanto mais "mastigada", ou fácil de entender, for a proposta do negociador, maiores são as chances de ela ser rapidamente aprovada pelo interlocutor.

É natural do **ser humano escolher sempre o caminho mais curto para chegar a um objetivo**. De modo que uma solução do tipo "tiro e queda" que satisfaça o interesse do interlocutor sempre despertará mais simpatia e adesão do que uma solução complicada e difícil de implementar.

# Garantir o entendimento

Sempre é importante reformular em termos mais claros o conteúdo do acordo, a fim de garantir o entendimento de ambas as partes. Trata-se de um trabalho de controle que permite:

- verificar se nenhum ponto foi esquecido ou negligenciado por alguma parte;
- desfazer qualquer margem de dúvida;
- checar se o negociador aceita a totalidade do acordo;
- checar se o interlocutor aceita a totalidade do acordo;
- obter a adesão final do interlocutor.

Alguns negociadores temem essa fase, por achar que uma recapitulação das questões centrais pode suscitar o questionamento do acordo pela parte contrária. É um pensamento equivocado, pois se o interlocutor se manifestar contra o acordo nessa fase é porque também se manifestaria depois. Além disso, essa etapa impede o interlocutor de reabrir a negociação mais tarde, alegando uma pretensa má interpretação da documentação.

# Obter um compromisso firme

Garantido o entendimento, é necessário consolidar o acordo aceito por todos e obter um compromisso firme e definitivo das partes envolvidas. De acordo com o contexto, esse compromisso pode assumir diferentes formas:

a assinatura de um contrato, a rendição de um sequestrador, o comparecimento diante de um júri, um compromisso moral, etc.

E, selado o compromisso, geralmente as partes se
separam, cada qual carregando seus próprios sentimentos.

## Garantir a aplicação correta

A última etapa consiste no acompanhamento, a fim de
assegurar uma correta aplicação do acordo.

Infelizmente, há casos em que a assinatura não basta,
mesmo tendo seu valor reconhecido perante a lei e os
tribunais. Ao negociador cabe implantar os recursos que
considerar necessários, em consonância com o tomador
de decisão, para fazer cumprir o acordo. Normalmente,
o que se vê é a reabertura da porta da negociação...

# Capítulo 4

# OS FATORES DE COMPLEXIDADE

PARA A NEGOCIAÇÃO SEGUIR EM UMA DIREÇÃO positiva, é preciso que os participantes desejem compartilhar seus objetivos e interesses. Isso propicia tomadas de decisão mais rápidas, o que favorece a motivação das partes envolvidas.

Infelizmente, porém, certos indivíduos, intencionalmente ou não, criam obstáculos para o bom andamento das negociações. Tais obstáculos são chamados de fatores de complexidade. Podendo variar em número, intensidade e fins, eles têm em comum seu caráter desestabilizador, que muitas vezes resulta em perda de discernimento, egos feridos, reações emocionais violentas ou respostas comportamentais e estratégicas que comprometem e envenenam a negociação.

Para lidar com os fatores de complexidade, é fundamental observar certas normas de conduta. Desse modo, o negociador conseguirá não só afastá-los de seu caminho, como também manter a serenidade ao enfrentá-los.

# A AMEAÇA

## Definição

A ameaça, em negociação, é uma exigência formulada, oralmente ou por escrito, por um interlocutor ou intermediário. Dotada de um sentido básico de pressão, reveste-se geralmente de caráter coercitivo.

## Tipos

Existem vários tipos de ameaças, classificáveis de acordo com seu modo de expressão ou segundo a função que desempenham.

### Ameaça frontal

A ameaça frontal visa satisfazer as exigências do interlocutor. Não obedece a nenhuma regra de sequenciamento, podendo aparecer no início ou no fim da negociação.

Exemplo: "Se não me derem 300 mil reais, eu paro de trabalhar com vocês!"

### Ameaça defensiva

A ameaça defensiva surge em resposta a um acontecimento ou a uma situação específica. Geralmente constitui uma alteração de alta ou baixa intensidade que se caracteriza pela adoção de uma postura defensiva.

Exemplo: "Se você repetir só mais uma vez o que acabou de dizer, eu paro esta fábrica agora, ouviu bem?"

## Ameaça velada

A ameaça velada não põe ênfase na satisfação de uma exigência imediata, mas visa provocar um abalo no psiquismo do negociador. Proferida muitas vezes com extrema frieza, constitui geralmente o mais grave e o mais categórico de todos os tipos de ameça.

Exemplo: "Ah, não? Então, fica assim. Mas esteja preparado para arcar com as consequências."

## Ameaça incondicional

A ameaça incondicional é conhecida também como "ameaça de mão única", pois aparentemente não admite resposta. O indivíduo faz exigências sem levar em conta as condições que dificultam seu cumprimento e interrompe a negociação.

Exemplo: "Não trabalho mais com vocês."

# Funções

Entre os fatores de complexidade que regem as negociações sensíveis, a ameaça é, de longe, a "ferramenta" mais utilizada pela parte contrária. São três as suas principais funções:

## Controlar

Por causa de seu caráter naturalmente coercitivo, a ameaça permite assumir rapidamente o controle de certas situações, seja para obter uma relação de forças favorável, seja para reverter uma situação de desequilíbrio. Em ambos os casos, a ameaça destina-se a assegurar uma posição dominante e exercer controle sobre a parte contrária.

## Pressionar

A ameaça também se caracteriza por insuflar pressão na negociação. O efeito pretendido é alterar o julgamento do outro, acelerar sua decisão e, finalmente, submetê-lo à exigência formulada.

## Causar medo

Entre outros prodígios da desestabilização, a ameaça também infunde o medo. Valendo-se intencionalmente de palavras duras, o medo atua sobre os valores mais caros e significativos do outro. Causar no indivíduo, por exemplo, a impressão de que ele pode perder alguma coisa é um ataque psicológico capaz de levá-lo até a rever, a contragosto, sua estratégia, considerando a perda implícita na ameaça.

# O que fazer

Lidar bem com uma ameaça requer procedimentos adequados.

Em primeiro lugar, é preciso deixar que a ameaça seja completamente externada pelo interlocutor. O negociador deve permitir que ele diga tudo o que lhe vier à cabeça, sem interferir, a fim de que suas palavras ecoem sobre todos os ouvintes. Em 10% dos casos, os que fazem ameaças não estão realmente conscientes do teor de suas palavras. O silêncio que se segue atua como uma "caixa de ressonância" capaz de produzir uma retomada de consciência ou até uma mudança positiva de comportamento.

Escolher a posição certa também é importante. Sabendo que o interlocutor, ao fazer uma ameaça, assumirá posição alta, o negociador deve se colocar em posição baixa, para impedir o confronto. Isso fará com que o indivíduo que fez a ameaça se sinta no controle da situação. Trata-se de condescender na aparência, para manter o comando na prática. E, para isso, ficar provisoriamente por baixo geralmente é o preço que se tem de pagar.

Outro elemento que o negociador precisa levar em conta é a motivação do interlocutor: por que será que ele fez essa ameaça? E por que nesse exato momento? Qual é a motivação por trás dessa demonstração de força? Será que ele quer se proteger ou assumir o controle da situação? E, no que se refere ao contexto, seria essa ameaça digna de crédito ou pura encenação?

# O que evitar

Para evitar que uma ameaça se cumpra, é fundamental observar certas regras.

O primeiro e mais comum dos erros é ignorar a ameaça. Diante de algumas ameaças que exigem contrapartidas muito altas ou desmedidas, muitos preferem deixá-las sem reposta, ainda que em detrimento de seus interesses. Aí, o interlocutor, sentindo que não pode mais salvar a situação, e para não dar o braço a torcer, resolve pôr sua ameaça em prática, ainda que, no fundo, não desejasse fazê-lo. Para evitar essa situação, que na verdade não passa de uma guerra de egos, é muito importante jamais deixar uma ameaça sem resposta.

Outro erro frequentemente cometido consiste em testar a ameaça. Quando uma análise do contexto revela que a ameaça não é muito convincente, há quem decida testá-la, como um mosquito picando um touro. Tal atitude será imediatamente entendida como provocação, o que só fará agravar as coisas, pois o interlocutor tentará resgatar seu ego ferido de qualquer maneira.

Se a adoção de uma posição baixa é fortemente recomendável, a posição de alta, por outro lado, deve ser expressamente evitada. Se o indivíduo sentir que não consegue prevalecer sobre o negociador, insistirá em ficar por cima da situação, multiplicando as ameaças e até fazendo ultimatos, o que pode levar a uma escalada catastrófica para os interesses de ambas as partes.

Por último, é aconselhável jamais revidar uma ameaça com outra. Isso, em alguns casos, redunda em fazer o jogo do adversário, principalmente se o negociador tiver mais a perder. Uma contra-ameaça entendida como retaliação pode até precipitar o processo de cumprimento da ameaça.

# O ULTIMATO

## Definição

O ultimato é uma ameaça acompanhada de uma restrição de tempo e/ou de uma exigência definitiva. Geralmente é empregado quando todas as ameaças falham.

## Tipos

Podemos distinguir dois tipos de ultimato.

### Ultimato temporal

O ultimato temporal define-se como uma ameaça acompanhada de uma restrição de tempo. Geralmente, a exigência é alta e o espaço-tempo curto, forçando uma rápida tomada de decisão.

Exemplo: "O senhor tem exatamente três horas para aparecer aqui com uma resposta."

### Último aviso

O ultimato também pode se revestir de um caráter definitivo sem impor um limite de tempo. Nesse caso, a proposta de escolha é geralmente dual e comporta drásticas consequências.

Exemplo: "Ou pagam ou paramos de trabalhar com vocês."

## Funções

O ultimato porta os mesmos genes da ameaça e se presta às mesmas funções: controlar, pressionar e amedrontar. No entanto, ele ultrapassa, por seu caráter extremo, o campo de ação da ameaça, adicionando uma dimensão ainda mais grave do ponto de vista do negociador. Tal dimensão se traduz por uma drástica redução da margem de negociação, decretada quer pela restrição de tempo, quer pelo caráter de último aviso. O negociador é confrontado com escolhas que exigem sacrifícios decisivos.

A restrição de tempo é um dispositivo especialmente usado com a finalidade de apressar a tomada de decisões em um ambiente incerto e condicionado pelo medo. Além disso, a pressão que exerce também prejudica o discernimento e ofusca a visão, comprometendo a estratégia inicialmente traçada.

Lançado de posição alta, o ultimato é uma arma terrível, geralmente empregada para conferir credibilidade a um blefe ou aumentar as chances de obter vantagens mais rapidamente do que pelos meios tradicionais de negociação.

## O que fazer

Todas as boas práticas recomendáveis no caso da ameaça também se aplicam ao tratamento do ultimato.

A restrição de tempo que estrutura o ultimato temporal requer, no entanto, uma abordagem especial.

Em primeiro lugar, o negociador deve se comportar de forma que o interlocutor se sinta como o senhor absoluto do prazo e da condução da negociação. Para isso, a adoção de uma posição baixa e o compromisso com a sequencialidade são fundamentais.

Em seguida, o negociador deve mostrar empenho em encontrar uma solução dentro do prazo previamente determinado, sem jamais mencionar a restrição de tempo imposta pelo ultimato. Se for capaz de estabelecer um vínculo com o interlocutor e impor-se como negociador confiável, o ultimato desaparecerá por si só. **O ultimato é antes de tudo um meio, não um fim.** Portanto, o grande desafio da negociação consiste precisamente em responder aos interesses ocultos do interlocutor, esvaziando *tecnicamente* o ultimato, que desse modo perde a consistência. Como geralmente é aplicado com uma finalidade implícita (necessidade de afirmação, obtenção rápida de um acordo, testar até que ponto o negociador pode ir), o utimato perde a razão de ser quando o negociador revela capacidade de alcançar e responder às expectativas do interlocutor.

# O que evitar

As mesmas precauções recomendadas para lidar com a ameaça se aplicam ao ultimato.

132  Manual de negociação complexa

> **NOTA SOBRE A AMEAÇA E O ULTIMATO**
>
> No que diz respeito à ameaça e ao ultimato, um erro bastante comum é a desconsideração ou a negação da lógica do outro. Em outras palavras, ao analisar uma situação, o negociador permanece restrito ao seu quadro de referência e aos limites de sua própria interpretação da realidade: "Mas que interesse ele teria em fazer isso?"; "Se ele cumprir a ameaça, quem perde é ele"; "Ora, isso não faz nenhum sentido". Demandas que nos parecem irracionais não são necessariamente irracionais para o outro. Um princípio básico da negociação é entender que a minha lógica não serve necessariamente para o outro. Por isso é importante sempre considerar a situação de uma perspectiva diferente, às vezes até mesmo oposta, evitando atalhos que podem conduzir a consequências desastrosas.

# O INSULTO

## Definição

O insulto consiste em uma palavra, ou em um grupo de palavras, de caráter especialmente agressivo.

## Tipos

Existem dois tipos de insuto.

### Insulto defensivo

De natureza emocional, surge espontaneamente, sem processo cognitivo específico nem premeditação. Geralmente escapa ao controle de quem o emite e pode até causar um sentimento de culpa. Quando apresenta essas características, diz-se que o insulto é defensivo.

## Insulto ofensivo

O insulto ofensivo, por sua vez, surge como elemento de uma estratégia previamente elaborada e atende a finalidades específicas.

# Funções

Os insultos defensivos têm por finalidade básica proteger o insultador. Através de uma reação súbita, como um reflexo, o indivíduo exprime de maneira abrupta sua discordância, raiva ou frustração, a fim de marcar território. Já os insultos ofensivos são bem mais perigosos, porque têm motivação racional. Sua função principal é desestabilizar o negociador, provocando uma ruptura no diálogo. Desconcertado, o negociador perde terreno, e a parte contrária pode avançar por aí.

O insulto também é empregado de forma intencional quando, em posição alta, o interlocutor quer forçar o negociador a entrar no seu jogo. O efeito pretendido é desencadear uma reação que leve o negociador a oferecer vantagens cada vez maiores, numa escala crescente que o colocará a serviço da parte contrária.

Além da raiva, o insulto também pode incitar o medo em certos indivíduos, resultando em uma perda súbita e desconcertante da capacidade de lidar com a situação. Intimidado com a forma da mensagem, o negociador já não consegue distinguir o que está por trás dela, perde o distanciamento e acaba achando que o insulto foi direcionado a ele.

# O que fazer

Mesmo sendo o insulto por natureza agressivo, na maioria dos casos é preciso lembrar que raramente a parte contrária emite algum juízo sobre o negociador. O insulto em geral se dirige a um elemento, ou a um conjunto de elementos, que gravita em torno do negociador: o projeto, a gestão, a empresa, a política comercial, etc. **Ou seja, não é porque o negociador é alvo de um insulto que ele necessariamente tem de ser o seu destinatário.** E ainda que seja, é sempre importante assumir, como padrão, que o destinatário é outro, a fim de garantir o distanciamento necessário.

Diante de um insulto, é importante manter a calma e a compostura. Adotar uma atitude que não favoreça uma contraofensiva é o primeiro passo para aliviar a tensão. Se a emoção ameaça ultrapassar a razão, o negociador precisa controlar suas pulsões defensivas. Para tanto, é altamente recomendável não interromper o interlocutor, deixando-o soltar todas as suas "cobras e lagartos". Sem ser objetado, ele às vezes se acalma. Se for confrontado, a escalada é certa.

Em seguida, o negociador deve se pronunciar e expressar claramente como se sentiu ao ser insultado. Esse método pode fazer com que o interlocutor caia em si ou até mesmo seja tomado por um sentimento de culpa. Para sensibilizar a parte contrária, sem romper o vínculo e fazendo com que ela se dê conta da gravidade do que disse, o uso do pronome "eu" é particularmente eficaz. "Eu me sinto humilhado" é uma colocação bem melhor do que "O senhor me ofendeu". O uso de "o senhor" devolve a palavra ao interlocutor sem produzir o "efeito de ressonância" necessário para diminuir o nível de tensão.

Caso o negociador considere que a situação passou dos limites, existem situações que justificam a suspensão temporária da negociação: ataques pessoais, comentários grosseiros, ameaças de agressão física, etc. Adiar as reuniões, nesse caso, corresponde a marcar uma ruptura e mostrar oficialmente ao interlocutor que o negociador não deseja continuar nessas condições. O efeito desejado é provocar um "choque elétrico" na situação e garantir uma base de negociação mais sã quando esta for retomada.

## O que evitar

A primeira preocupação deve ser não contra-atacar em defesa do ego ferido. Em sua grande maioria, os insultos são do tipo ofensivo e têm por finalidade a manipulação. Jogando em posição alta, o interlocutor arma uma cilada para o negociador e fica esperando que ele caia nela. Se ele cair, a relação pode "azedar", normalmente em detrimento do negociador.

O uso da ironia também é desaconselhável. Qualquer atitude indiferente será vista como ultrajante pelo interlocutor. E, se ele se sentir ultrajado, tentará por todos os meios restabelecer seu ego, lançando mão de toda a sorte de recursos coercitivos.

Finalmente, como foi dito acima, iniciar a resposta ao insulto por "você", ou "o senhor", não é recomendável, pois sugere uma contraofensiva, algo como um dedo apontado para o interlocutor e seus métodos desleais. Sempre que se sentir contra a parede, a parte contrária reagirá com crescente veemência. Daí a necessidade de sempre adaptar ao contexto a nossa retórica e a nossa comunicação.

# A MENTIRA

## Definição

A mentira é o desejo de enganar o outro, ocultando dele as verdadeiras motivações de um ato.

## Funções

A situação e a importância do que está em jogo são os principais fatores que determinam a utilização da mentira.

Há casos em que a mentira pode servir de proteção. Sentindo que o curso dos acontecimentos lhe será desfavorável, o indivíduo opta por mentir como medida preventiva. Em outras circunstâncias, a mentira pode aparecer associada a um ganho, não necessariamente de ordem financeira. A mentira também é usada para obter todo tipo de vantagem, e pode servir para prejudicar o outro, sem nenhum outro interesse além de satisfazer um capricho pessoal. Por outro lado, em certos casos a mentira também é empregada com propósitos solidários, como esconder do outro uma verdade que o fará sofrer.

# O que fazer

Se o negociador detectar inverdades na comunicação com o interlocutor, é preciso respeitar algumas regras para evitar que a situação desande. Antes de tudo, suas ações terão de se voltar para um único objetivo: não causar nenhum tipo de constrangimento à parte contrária.

A primeira tentativa é envolver o interlocutor, de forma pessoal, com as informações que ele forneceu. Para isso, o negociador procurará redefinir os termos da negociação com o interlocutor, dirigindo a ele perguntas que não admitem respostas dúbias: "O senhor tem certeza do que afirma aqui?", "Como explica isso?", "Como o senhor vê essa situação?", etc. Obrigada a tomar uma posição, a parte contrária ou muda de discurso, para não ser desmascarada, ou continua fornecendo elementos obscuros que, no fim, acabarão por revelar dados contraditórios, datas incoerentes e outras inconsistências nas informações. Seja qual for o resultado, esse método conduz a uma conscientização indireta: o interlocutor percebe que o negociador duvida da veracidade de suas informações e está tentando fazê-lo mudar de discurso. A beleza dessa técnica se resume em jamais apontar o dedo para a mentira, mas criar um ambiente que induz à necessidade de mudar de conduta.

Existem, porém, outros métodos, e um deles consiste em, pura e simplesmente, descartar as informações mentirosas. Convencido de que seu interlocutor continuará escamoteando suas posições, mesmo depois de submetido a uma conscientização indireta, o negociador simplesmente esquece o assunto. Um deslocamento de eixo, no caso, pode levar a negociação a ganhar altitude e centrar o foco no objetivo traçado pelo negociador, ou a redirecionar a conversa em um sentido mais favorável, a fim de evitar conflitos e desentendimentos que poderiam paralisar a negociação. Se agir de forma adequada, o negociador conseguirá prescindir das informações mentirosas, porque elas simplesmente perderão o interesse dentro do novo encaminhamento que ele der ao discurso.

## O que evitar

O erro mais comum é colocar o interlocutor contra a parede. Ávido por incensar o próprio ego, o negociador decide apresentar provas irrefutáveis das contradições e incoerências que permeiam o discurso do interlocutor, a fim de desmascará-lo. Uma vez desmascarado, o interlocutor lutará como um leão cercado para resgatar o ego ferido, usando até de má-fé e abuso de poder a fim de destruir o relacionamento ou encerrar a negociação.

Na mesma linha de raciocínio, e pelas mesmas razões, não é obviamente indicado "testar" uma mentira. Essa tentativa será entendida como provocação, e o interlocutor não medirá artifícios para evitar passar vergonha, o que certamente não fará bem à negociação.

Além disso, por razões óbvias de credibilidade e em nome da construção de uma relação duradoura, é preciso evitar a mentira de nossa parte também. Os ganhos, muitas vezes breves, que ela poderia proporcionar não compensam seus riscos incontroláveis nem suas consequências dramáticas.

### NOTA SOBRE A MÁ-FÉ

A má-fé é uma consequência comportamental da mentira, quando um belo dia esta é descoberta. Ciente de que sua farsa veio à tona, o indivíduo ainda assim não arreda pé de sua posição, na esperança de que conseguirá manobrar o outro e, principalmente, salvar as aparências. No caso da negociação, mesmo que o negociador tenha agido com eficácia e levado o interlocutor que se vale da mentira a uma tomada de consciência indireta, pode ser que este último ainda se recuse a mudar de conduta e se mantenha firme em sua posição – eis um exemplo típico de má-fé. Nesse caso, recomenda-se simplesmente descartar o assunto para evitar uma guerra de posições ou uma escalada. Caso o assunto não possa ser descartado, por ser indispensável à resolução do conflito, o negociador deverá recorrer a um deslocamento de eixo, a fim retomar a altitude da negociação e evitar que o assunto se transforme em um ponto de bloqueio.

Exemplo: "Muito bem, o senhor me diz que pagou esse fornecedor *(o negociador não se envolve, apenas reafirma o que o interlocutor lhe disse, mesmo sabendo que a informação é falsa, ou seja, que nenhum pagamento foi feito ao fornecedor)*. Agora, o importante é que nós precisamos chegar a um acordo *(reformulação de objetivo para efeito de ressonância)*, então vamos esquecer de uma vez por todas essa história de pagou, não pagou *(afastamento do ponto focal)*, e eu lhe faço uma pergunta: o que o senhor propõe para podermos avançar *(solicitação de compromisso e reabertura da negociação)*?"

# O EXTRAVASAMENTO EMOCIONAL

## Definição

O extravasamento emocional é um estado provisório em que o indivíduo perde o domínio sobre as próprias emoções.

## Consequências

Ao contrário dos demais fatores de complexidade, o extravasamento emocional não apresenta qualquer interesse especial, sendo apenas uma condição que afeta momentaneamente um indivíduo.

No entanto, se está aqui classificado como fator de complexidade, é porque um interlocutor nesse estado pode impactar negativamente a continuidade da negociação, obrigando o negociador a tentar estabilizar a crise.

O extravasamento emocional pode se manifestar de diferentes formas: crise de pânico, medo paralisante, raiva descontrolada, mudez repentina, acessos de fúria, riso nervoso, etc.

## O que fazer

Qualquer que seja a forma de extravasamento, é importante não invadir o espaço íntimo do indivíduo em crise. Ele precisará desse espaço para dar vazão ao excesso de carga emocional. Além disso, aproximar-se demais sempre pode dar lugar a interpretações errôneas, que só farão alimentar o problema.

No caso dos indivíduos acometidos por extravasamentos emocionais *expansivos* – que se manifestam como uma espécie de explosão –, convém deixar que eles digam tudo o que lhes vem à mente, sem nenhuma interrupção. Às vezes, isso basta para que eles retomem seu estado normal. Se não bastar – e se não for o caso de certas negociações muito específicas (como a de um sequestro, por exemplo) –, propor um adiamento da negociação é altamente recomendável. Seria como aplicar um "choque", a fim de retomar a conversa mais tarde, em condições mais tranquilas.

Já se o extravasamento emocional for do tipo *introspectivo* – que se manifesta pelo fechamento do indivíduo em si mesmo –, aí é melhor aplicar um "remédio" rápido. Diante de uma mudez repentina, por exemplo, o negociador deve sair disparando um fluxo abundante de palavras, mesmo que a conversa se transforme em um monólogo, sem nenhuma resposta do interlocutor. Isso ajuda a conservar o vínculo construído anteriormente, quando o estado emocional do interlocutor era outro. Por outro lado, diante de uma crise de ansiedade do interlocutor, o negociador deve manter uma distância segura, adotar um tom calmo e tranquilizador e diminuir significativamente o fluxo de suas palavras.

## O que evitar

O extravasamento emocional é por definição um transtorno, o que quer dizer que o indivíduo não pode voluntariamente melhorar o seu estado. Ter consciência disso é fundamental para evitar prejulgamentos. Infelizmente, o primeiro atalho cognitivo para essa realidade ocorre na primeira vez que o negociador enfrenta uma situação assim. Mas é claro que prejulgar não ajuda a resolver um litígio nem a tranquilizar um indivíduo em crise. Pelo contrário, só faz aumentar a distância entre o negociador e o interlocutor e enfraquecer a relação.

No caso de extravasamentos emocionais expansivos, que dão lugar a comportamentos instáveis e irrefletidos, o erro seria – quer por um mecanismo de defesa, quer para restaurar o amor-próprio – aparecer com uma proposta melhor a cada explosão do indivíduo. Ele, estando sujeito a pulsões incontroláveis, poderia desencadear uma sucessão de "represálias" que só contribuiria para agravar o estado de crise e alimentar o conflito

Diante de uma extravasão emocional introspectiva, o erro consistiria em o negociador, julgando não ter mais condições de conduzir a negociação, abandonar o processo. Deixado à própria sorte, o indivíduo só poderá contar consigo mesmo e com o tempo para retomar seu estado normal. A negociação é acima de tudo uma relação de ajuda, no sentido amplo do termo. Qualquer iniciativa generosa em prol da manutenção da colaboração terá sempre um efeito especial, mesmo na mente momentaneamente perturbada de um indivíduo em crise.

# A DEMANDA IRRACIONAL

## Definição

A irracionalidade opõe-se à razão, caracterizando-se pela falta de lógica e coerência. São geralmente consideradas demandas irracionais aquelas que contêm exigências estranhas ao quadro de referência do negociador.

## Funções

Existem duas maneiras de o negociador conceber as propostas destituídas de lógica, sentido ou harmonia.

### Irracionalidade emocional

A irracionalidade emocional é fruto de uma mente confusa, às vezes até traumatizada. Nessas circunstâncias, nenhuma lógica permeia a construção do seu discurso, tornando os seus propósitos incoerentes. Preso à irracionalidade, o indivíduo não tem controle sobre a própria mente e sofre os efeitos disso.

Nesse sentido, suas demandas não podem responder a nenhum tipo de lógica – nem formulada por ele, nem pelo negociador.

## Irracionalidade estratégica

A irracionalidade estratégica produz os mesmos efeitos da emocional, mas o indivíduo que a experimenta não sofre esses efeitos, ele os pratica. Aliás, aqui, ele tem o controle total da sua mente, e a irracionalidade é conscientemente empregada com motivações bastante precisas: desestabilizar o negociador, suprir uma necessidade de reconhecimento, forçar contrapartidas mais vantajosas, dissimular a recusa em negociar, etc.

# O que fazer

As demandas irracionais são difíceis de interpretar porque o que é irracional para um pode ser perfeitamente racional para o outro.

**Como norma, deve-se sempre dar importância a uma demanda, quaisquer que sejam sua natureza e seu nível de exigência.** Ou seja, o negociador deverá tratá-la como uma demanda racional. A negociação será então orientada com base nas motivações reais do indivíduo que justifiquem tal demanda.

Quando uma demanda carece de fundamento lógico a ponto de o interlocutor mostrar desconforto, cair em contradições e hesitar ininterruptamente em suas exigências, é bem provável que se esteja diante de um caso de irracionalidade emocional. Nesse caso, o negociador tentará guiar o interlocutor pelos caminhos da razão, pedindo-lhe que só se atenha a elementos fatuais. Se o indivíduo estiver em crise, os mesmos métodos aplicáveis ao quadro dos extravasamentos emocionais devem ser postos em prática.

No entanto, nem sempre a falta de fundamento lógico provém de irracionalidade emocional. Só para exemplificar, digamos que, em uma negociação comercial, a parte contrária exija um reajuste de 70% para a renovação de um contrato com um parceiro, mesmo sabendo que a média dos reajustes anuais no setor gira em torno de 5%. À primeira vista, essa demanda pode parecer totalmente irracional, mas, pela desproporcionalidade da exigência, ou pelo fato de a parte contrária não se preocupar em explicar o porquê do reajuste, é possível depreender que foi decidido em nível superior que, a menos que ele se disponha a arcar com esse reajuste descomunal, não interessa trabalhar mais com esse parceiro.

O que permite ao negociador distinguir entre a irracionalidade emocional e a irracionalidade estratégica é uma boa condução da negociação e a observação do comportamento da parte contrária. No caso da irracionalidade estratégica, a ameaça fria não demora a ser acompanhada de grandes exigências. Além disso, o interlocutor raramente dá sinais de desconforto, mas tende a sustentar sua posição de maneira firme e definitiva. Os predicados assumem uma dimensão irrevogável e o envolvimento do interlocutor mingua, isolando o negociador. Nesse caso, só a empresa ou agência que contratou o negociador poderá decidir se a demanda continua interessando.

# O que evitar

A irracionalidade é antes de tudo um prejulgamento. Dado que cada indivíduo estrutura sua própria realidade de acordo com o seu universo sensorial e com o seu aprendizado sociocultural, a irracionalidade é determinada a partir de um ponto fora do quadro de referência de cada indivíduo.

O erro mais comum é o negociador considerar irracional qualquer demanda que não se encaixe em sua própria lógica. Isso não só dificulta a criação de uma ligação empática, capaz de permitir um abrandamento progressivo da demanda, como naturalmente leva a negociação a ganhar um tom mais radical, antagonizando os atores. Outra consequência direta do prejulgamento é o risco de o negociador e o tomador de decisão assumirem uma postura arrogante diante de uma demanda que consideram irracional, dando lugar a decisões tomadas sob o impacto da emoção.

Outro erro consiste em responder com ironia. Ainda que os negociadores mais hábeis no uso desse recurso procurem justificá-lo como um modo de fazer o outro cair em si, o que os motiva, na verdade, é restaurar o ego ferido. Esse tipo de resposta sempre será visto como provocação pela parte contrária, que, para não ficar por baixo, pode arraigar-se em sua posição, reduzindo em muito as possibilidades de um acordo.

# A MULTIPLICIDADE DE INTERLOCUTORES

## Definição

Situação em que o negociador é posto diante de vários interlocutores em contato.

## Funções

A função varia de acordo com o contexto e com o objetivo da parte contrária.

### Multiplicidade necessária

Algumas negociações podem exigir a presença de um grupo de interlocutores, particularmente no contexto das negociações ditas "técnicas", em que cada indivíduo responde por uma atribuição especial (advogado, psicólogo, representante do departamento jurídico, assistentes, peritos em diversos assuntos, etc).

### Multiplicidade estratégica

Por outro lado, outras negociações não exigem a presença de tantos interlocutores. Sua convocação, nesse caso, muitas vezes não passa de um estratagema da parte contrária para desestabilizar o negociador, visando, por exemplo, intensificar a pressão sobre ele ou perturbar seu discernimento.

# O que fazer

Seja qual for a natureza da multiplicidade, o negociador deve identificar, em primeiro lugar, quem detém o poder na parte contrária. Como foi dito nos parágrafos dedicados ao *sociograma*, no capítulo 3, cada membro desempenha um papel, aleatório ou predefinido. Pelo teor da informação fornecida, pelos esclarecimentos prestados, pelo jogo de olhares, pela expressão corporal, pela reação a determinados silêncios, pela maneira de tomar a palavra e pelo valor dos predicados, o negociador deve ser capaz de mapear os *atores ativos* e *passivos*, para em seguida estabelecer os *aliados* e os *inimigos*.

**O negociador deve, antes de tudo, negociar com quem detém o poder.**

Se quem detém o poder é um aliado, o negociador deve concentrar toda a sua atenção nele e, consequentemente, reduzir sua disponibilidade para com os demais, sem jamais, é claro, faltar com a cordialidade.

Se quem detém o poder é um inimigo, então o negociador deve repartir sua atenção entre ele e os aliados – se houver algum, obviamente. Demonstrar que conta com a admiração dos aliados ao pautar ou conduzir uma negociação pode acabar contagiando algum inimigo com poder.

Um esclarecimento importante: reduzir a disponibilidade para com alguns atores não significa ignorá-los. Todas as vezes que estiver com a palavra, o negociador deverá dirigi-la a quem tem o poder. Todavia, se um interlocutor passivo ou inimigo fizer uma pergunta, o negociador deverá respondê-la, mas já redirecionando a conversa para o titular do poder, a fim de mantê-lo pessoalmente envolvido.

Ao enfrentar muitos interlocutores, é conveniente que o negociador também vá acompanhado. Em muitas ocasiões, essa medida é vista como uma demonstração de respeito pela parte contrária, pois uma apresentação em dupla ajuda a equilibrar o fluxo das informações. No entanto, aqui se impõe uma necessidade absoluta: a divisão dos papéis entre um e outro precisa ser muito bem concatenada. Se não for assim, é melhor negociar sozinho. Os interlocutores mais ágeis certamente testarão a consistência da dupla negociador-assistente, e ao menor vacilo – seja uma contradição entre eles, seja uma adesão de um sem o aval do outro – pronto, os múltiplos interlocutores se unirão para assumir o controle da negociação.

## O que evitar

Um primeiro erro é o negociador querer envolver seu chefe na condução da negociação, a fim de compensar o desequilíbrio numérico. Essa medida também costuma ser tomada em resposta à intromissão do patrão da parte contrária na negociação. Ora, pelas razões que já expusemos anteriormente, o chefe não negocia. Quanto mais tempo ele puder ser preservado, melhor.

Outro erro é tentar transformar inimigos em aliados. Esforçar-se por mudar o ponto de vista ou o comportamento da maioria não só é uma abordagem ineficiente, como também é capaz de causar perda de tempo. Tempo esse que, aliás, o negociador deveria usar para resolver suas pendências com quem interessa: o titular do poder. Definitivamente, **é melhor negociar com inimigos que têm poder do que com aliados que não têm.**

# AS PERSONALIDADES PATOLÓGICAS

## Definição

A Classificação Internacional de Doenças (CID) e o Manual Diagnóstico e Estatístico de Transtornos Mentais (DSM) consideram uma personalidade patológica a partir do momento em que suas atitudes são inadaptadas e repetitivas.

Kurt Schneider, psiquiatra alemão do século XX, famoso por seu trabalho sobre esquizofrenia e personalidades psicopáticas, acrescenta ainda uma noção de sofrimento à sua definição: "perfil de caráter (...) estatisticamente raro, cujas atitudes e comportamento são causa de sofrimento para o próprio sujeito e para os que o cercam".

## Gestão de personalidades patológicas

A imaginação popular gosta de acreditar que as personalidades patológicas são como aqueles *serial killers* perversos dos filmes de terror, entre outras frivolidades. A realidade, no entanto, é bem diferente.

Se geralmente todas elas se caracterizam por comportamentos impróprios, e portanto difíceis de administrar, na realidade essas personalidades não são necessariamente violentas. A personalidade esquizoide, por exemplo, manifesta-se mais pela frieza e pelo comportamento extremanente reservado do que pela agressividade.

As personalidades patológicas podem não ser muito frequentes, mas existem. Em uma centena de pessoas tomadas aleatoriamente, as chances de encontrar um paranoico ou um sociopata pela frente são de 2%, ou seja, duas em cada cem pessoas. O que é pouco e, ao mesmo tempo, muito. A cada cinquenta negociações realizadas, é bem provável topar com pelo menos uma personalidade patológica, mesmo em um ambiente profissional.

As personalidades patológicas listadas a seguir trazem uma estimativa de seu nível de incidência na população mundial.[9] *Esta lista não pretende ser completa, mas abordar apenas os transtornos de personalidade mais comuns.*

## Personalidade paranoica

Incidência: de 0,5 a 2% da população geral.

A personalidade paranoica se caracteriza pela desconfiança e pela susceptibilidade exacerbadas. Seguro de si, orgulhoso, presunçoso, intolerante, o sujeito paranoico considera-se um incompreendido. É incapaz de autocrítica. Por causa de sua dificuldade de adaptação social, costuma afastar as pessoas.

---

[9] A. Féline, J. D. Guelfi, P. Hardy, *Les Troubles de la personnalité*, Coleção Médecine Sciences (Paris: Flammarion, 2002).

Diante de um indivíduo paranoico, o negociador precisa ser muito cauteloso, porque, seguramente, ele interpretará mal qualquer tentativa de aproximação. A raiva e a agressividade são seus meios de defesa. Ao falar com ele, o negociador deve permanecer calmo, fatual e especialmente atento à forma das mensagens recebidas.

## Personalidade esquizoide

Incidência: 2% da população geral.

A personalidade esquizoide é, por definição, hostil à relação. Vergado sobre si mesmo, o indivíduo manifesta um profundo desinteresse pelo mundo exterior. Sua pobreza emocional é extrema e seu estado irradia frieza e solidão.

Como quem se aproxima de um suicida, o negociador deve manter uma distância segura do esquizoide, para não dar margem a comportamentos irracionais e intempestivos. Na comunicação com ele, é importante privilegiar uma entonação lenta e sincronizada. A única relação de ajuda possível é a constância. Qualquer tentativa de acelerar o processo levará o indivíduo a rejeitar sumariamente o negociador.

## Personalidade histriônica

Incidência: 2,5% da população geral.

A personalidade histriônica é caracterizada pelo constante desejo de agradar e atrair atenção. Seus relatos são fantasiosos ou falsificados, para ganhar uma dimensão mais teatral. Dotada de hiperexpressividade emocional, e de afetividade superficial, a personalidade histriônica usa e abusa da sedução para alcançar seus fins. Fortemente egocêntrica, receberá mal qualquer frustração provinda de uma desatenção, o que poderá resultar em crises de histeria, chantagem ou até ameaças de suicídio.

Extremamente manipuladora, a personalidade histriônica tentará atrair o negociador para o jogo dela. Este, por sua vez, precisará adotar – e sustentar – uma postura empática e neutra, a fim de estabelecer uma relação de ajuda capaz de abrandar os acessos de euforia ou de fúria de que a pessoa se valerá por puro efeito dramático. Se, diante dela, o negociador perder a neutralidade, corre o risco de perder o discernimento também.

## Personalidade narcisista

Incidência: 2% da população geral.

A personalidade narcisista se caracteriza por um orgulho desmedido e uma profunda necessidade de reconhecimento. Dotado de uma segurança a toda prova, o narcisista usa de manipulação e simula empatia para concretizar suas ambições.

Diante do desprezo e da falsa condescendência de um interlocutor narcisista, o negociador precisará reagir com empatia e autocontrole, mas também com o devido cuidado para não ferir seu ego, pois um narcisista humihado se sentirá atingido na razão primeira de sua existência. Aí o vínculo imediatamente se rompe, com consequências drásticas para o prosseguimento da negociação.

## Personalidade dissocial

Incidência: 2,5% da população geral.

Os chamados psicopatas ou sociopatas estão compreendidos nesse grupo. A personalidade dissocial se caracteriza por um desequilíbrio mental profundo. Desprezando as normas e restrições sociais, o indivíduo dito dissocial manifesta profunda indiferença para com os sentimentos alheios e é incapaz de sentir a mais ínfima culpa. Sua frustração geralmente se acompanha de descargas impulsivas, provocando ações como o roubo, as tentativas de suicídio, a agressão ou até mesmo crimes mais graves.

Diante desse tipo de personalidade, é importante não mencionar a lei ou quaisquer restrições de ordem social para não despertar a fúria ou a predisposição para a agressividade. Qualquer indício de relação empática é capcioso. Dotada de uma surpreendente capacidade de seduzir e manipular, a personalidade dissocial brinca com as relações interpessoais. Ao se relacionar com ela, o negociador deve orientar a conversa para pontos efetivos, sem nenhuma conotação emocional.

## Personalidade anancástica

Incidência: 1% da população geral.

Também chamado obsessivo-compulsivo, o sujeito anancástico (do grego *ananké*, "obrigação") manifesta prudência, dúvida e indecisão excessivas. Perfeccionista ao extremo, seu comportamento é rígido, voltado para os detalhes, para a ordem, para a organização. O perfil do anancástico normalmente é autoritário, obstinado e sem contrastes no relacionamento. No trabalho, geralmente é visto como um tipo muito austero, com demasiado respeito pela hierarquia.

Esse tipo de personalidade costuma ser resistente à mudança. Para enfrentá-lo, o negociador precisará, primeiro, conseguir acesso a seu quadro de referência. Qualquer movimento que implique mudança ou aceitação de novos paradigmas deverá vir acompanhado de explicações claras, pacientes e muito bem sequenciadas no tempo. Aproximações bruscas ou não autorizadas serão impulsivamente repelidas e levarão o indivíduo a arraigar-se em sua posição.

## Personalidade esquizotípica

Incidência: 3% da população geral.

As personalidades esquizotípicas estão sujeitas a todo tipo de crenças e pensamentos mirabolantes, que influenciam seu comportamento. São muitas vezes excêntricas e desenvolvem um gosto acentuado pelo esoterismo ou por inumeráveis ideias exóticas. Costumam ser tomadas por sensações estranhas.

Diante de interlocutores com esse perfil, convém gastar à vontade as analogias e metáforas relativas ao seu ambiente sensorial, a fim de estabelecer um vínculo. Os predicados do negociador deverão conotar sensações proprioceptivas, e é óbvio que qualquer forma de prejulgamento terá um impacto negativo na relação.

# A RECUSA EM NEGOCIAR

## Definição

O interlocutor ou a parte adversa recusa-se a negociar. A negociação, por conseguinte, nem pode começar.

## Funções

A recusa em negociar pode atender a diversos fins.

Um deles seria desestabilizar o negociador. Nesse caso, ao recusar-se a negociar, o interlocutor só estaria tentando forçar o negociador a assumir a condução da negociação sozinho, isolando-o dos que representa, a fim de obter concessões precoces e sem contrapartidas.

Por outro lado, a recusa em negociar também pode refletir um autêntico desejo de não negociar. Por razões que só pertencem à parte contrária (antipatia pelo negociador, falta de interesse no assunto, etc.), a negociação simplesmente não é uma opção. Só para citar um exemplo intencionalmente caricatural e reducionista, um comprador oferece 100 mil reais pela compra de uma casa que vale 800 mil. O vendedor, julgando a proposta ridícula, não a considera nem digna de negociar.

## O que fazer

Em todos os casos de recusa de negociação, sempre é importante fazer uma reflexão a fim de tentar entender por que a parte contrária optou pela recusa em negociar. Seja essa recusa explícita ("Não, eu não quero negociar, e não me ligue mais!"), seja implícita (silêncio total depois de vários contatos), é preciso recorrer ao histórico completo da relação e analisar o contexto para encontrar os primeiros indícios de resposta.

Se o negociador for a causa da objeção, o patrão deve substiuí-lo, e pronto. O objetivo não pode ser prejudicado por causa de uma antipatia que se impôs como obstáculo. É bem verdade que substituir um negociador é sempre uma decisão complicada, especialmente para o negociador, mas há situações em que os objetivos ultrapassam as considerações pessoais.

Já se a recusa for realmente uma tática da parte contrária, então a gestão de tempo se torna uma prioridade. Mas, para pôr o tempo a seu favor, o negociador terá de respeitar algumas prerrogativas.

Primeiro, as tentativas de retomar contato devem ser suficientemente espaçadas para não incomodar o interlocutor e evitar que ele se feche ainda mais em sua recusa de negociar. **O assédio geralmente leva o outro à irritação**, e esta, ao enrijecimento do indivíduo em sua posição. Portanto, essa abordagem é contraproducente no que diz respeito a alterar convicções e provocar mudanças.

Em segundo lugar, cada tentativa deverá reforçar no outro a impressão de que a escolha é dele. O negociador adotará sempre uma posição aberta, não diretiva, que deve ressoar na mente do interlocutor: "Sr. X, continuo à sua disposição. Caso deseje fazer contato, deixei o número de meu telefone na mensagem anterior. Estou ciente de que a escolha é sua e saberei respeitá-la".

Finalmente, o negociador deve guardar sua melhor cartada para o final. No contexto de uma última mensagem, ele precisará declarar sua esperança e seu interesse de maneira bem perceptível para o interlocutor, **sem fazer nenhuma censura** à sua insistência em não responder: "Sr. X., como minhas tentativas de contato infelizmente não tiveram êxito, tomo a liberdade de enviar-lhe esta última mensagem. Tenho novidades que gostaria de lhe apresentar e, se entrar em contato comigo, acredito que elas realmente serão de seu interesse. Permaneço sempre, é claro, à sua disposição".

Se o interlocutor aceitar o contato, mesmo que seja para reiterar verbalmente a sua recusa em negociar ("Eu realmente não quero falar com o senhor e, por favor, me deixe em paz!"), a prioridade do negociador continua sendo descobrir as motivações secretas do interlocutor. E por meio do contato é possível conseguir essa resposta, mediante a aplicação de técnicas de escuta ativa que fazem o outro se abrir.

Haverá casos, no entanto, em que infelizmente o contato não será possível, e isso geralmente decreta o desinteresse do interlocutor em conversar com a empresa ou organização representada pelo negociador. É precisamente aí que o negociador deve levantar informações para confirmar ou desmentir essa hipótese, infelizmente muito provável.

# O que evitar

O primeiro erro consiste em culpar, ainda que involuntariamente, o interlocutor, usando de predicados que dirigem a responsabilidade para ele: "Tentei contatá-lo, senhor, várias vezes, mas infelizmente o senhor nem sempre pôde me responder a tempo". Esse "o senhor" aponta o dedo para o culpado. Duas consequências diretas podem derivar disso: o interlocutor se fecha ainda mais em sua posição ou contra-ataca duramente o negociador antes de cortar, definitivamente, a relação.

Outro erro comum é a não observância de um sequenciamento adequado. Seja por pressão superior, seja pela má gestão de seu próprio estresse, o negociador intensifica as tentativas de contanto, sem critério algum. Essa assincronia, bastante sentida pela parte contrária e muitas vezes chamada de "marcação cerrada", dificilmente permite estabelecer um vínculo ou a respeitabilidade do negociador.

Inversamente, outros negociadores preferem não dar sequência aos contatos após uma primeira tentativa, muitas vezes para testar a parte contrária. Nesse caso, a manobra pode até funcionar, principalmente se o interlocutor responder dentro do prazo predefinido pelo negociador; mas será particularmente infrutífera se a situação não evoluir. Outras vezes, porém, a postergação dos contantos não passa de uma reação orgulhosa e até contraditória com a missão do negociador (fazer contato em função de um objetivo específico). Este, considerando que já deu o primeiro passo, senta e fica esperando a manifestação da parte contrária. Eis um caso em que a espera pode ser bem longa.

Por fim, pode ser que o negociador seja o responsável direto pela recusa em negociar. Se for assim, qualquer que seja o motivo, tentar impor-se à aceitação do outro só faz reforçar a rejeição ou pode dar espaço para as exigências injustificadas, que virão no dorso do dese-quilíbrio da relação de forças. "Tudo bem, eu falo com o senhor, ainda que, como sabe, eu não seja exatamente seu fã. Mas antes de qualquer consideração, quero 100 mil reais. Se não tem isso para me ofercer, esqueça. E não me ligue mais!" Para evitar contratempos dessa ordem, o negociador deve perguntar ao interlocutor com quem ele gostaria de negociar, mas sempre tentando compreender quais são suas motivações reais.

## AS NEGOCIAÇÕES IMPOSSÍVEIS

Se alguns livros acenam com a promessa de oferecer todas as soluções para o sucesso de qualquer negociação, a realidade infelizmente é bem menos auspiciosa. Exis-tem negociações que não podem dar certo.

Um mito, amplamente difundido pelos filmes mais concorridos, é a crença de que o sucesso de uma negocia-ção repousa totalmente nas mãos do negociador e/ou do estrategista. Engajado na causa, esbanjando entusiasmo e visão estratégica, o negociador resolve uma situação em trinta minutos, diante do olhar atônito das almas puras que assistem à cena... E torna-se o centro das atenções, o herói, o pacificador dos tempos modernos, munido de uma única arma: a palavra. Infelizmente, o sucesso de uma negociação depende basicamente da relação de forças existente. Uma assimetria muito acentuada jamais permitirá ao negociador expressar o arsenal dos seus talentos. Pelo contrário, ela já chega geneticamente dotada de um caráter irrevogável capaz de destruir todos os esforços do negociador. Retomando aquele exemplo reducionista citado anteriormente, tentar comprar uma casa de 800 mil reais com 100 mil reais no bolso, e sabendo que existem pelo menos uns trinta compradores potenciais e com dinheiro para especular, torna a tarefa do negociador impossível. Sobretudo se o vendedor não aceitar menos que os 800 mil reais de que precisa para fazer um investimento mais importante.

Há outro fator que pode tornar uma negociação impossível: a estratégia da parte contrária. Existem estratégias voltadas exclusivamente para a destruição. Se podem parecer imediatistas ou até mesmo irracionais, são na verdade muito bem pensadas, porque todo ato de destruição tem alvo certo. Não raro, e geralmente tarde demais, o negociador se descobre vítima de uma maquinação que excede não só suas próprias competências como as veleidades da parte que ele representa.

> Um negociador experiente, represesentando os interesses de um pequeno grupo do setor agroalimentício, tem reunião marcada às 10 horas em uma central de compras. Recebido às 10h30 por três compradores, dez minutos depois é expulso da sala, não antes de ver toda a gama de produtos que representa peremptoriamente descadastrada. Que erro o negociador teria cometido para justificar atitude e sanções tão graves? Um mês depois, após várias tentativas de restabelecer contato e de intermináveis consultas à sua rede particular de informantes, um empresário do setor de distribuição lhe conta que ele tinha servido de bode expiatório. Para reforçar sua imagem de austeridade e afirmar poder, aquela central tinha decidido descadastrar um fornecedor para servir de exemplo a todos os demais. A sorte recaiu sobre o negociador, que, fosse qual fosse seu talento ou o conteúdo das propostas que tinha, não poderia fazer nada para evitar o circo armado pela diretoria da casa e posto em cena por aqueles três compradores às 10h30 da manhã.

A ilusão de que a negociação é sempre possível também pode ocorrer nas relações interpessoais. Tais situações parecem mais favoráveis à intervenção do negociador, mas não são. O risco aqui é a negociação ser usada para atender a interesses pessoais anteriores. É o caso, por exemplo, do psicótico que, premeditadamente, decide cometer um ato violento (como suicidar-se). Em circunstâncias assim, a negociação pode até configurar um pretexto para emprestar um caráter dramático à situação. O indivíduo já decidiu acabar com a própria vida, mas não sob a indiferença geral, e se aproveita do palco que uma negociação fictícia pode oferecer para o seu espetáculo.

Se antes de começar a negociação o indivíduo já tomou a decisão do sucídio, o negociador de crise, infelizmente, não tem o que fazer. Nos casos em que a mínima hesitação se evidencia, todo o talento do negociador é posto à prova.

# TÉCNICAS MENORES DE DESESTABILIZAÇÃO

Tanto no âmbito de um conflito social como no de uma relação de compra e venda, ou no contexto de uma negociação diplomática, não faltam indivíduos que têm especial prazer em usar – e às vezes abusar – de técnicas especialmente voltadas para desestabilizar o negociador. São as chamadas técnicas menores, que, embora possam incomodar, produzem um impacto relativamente fraco no resultado das negociações. Do ponto de vista do negociador, não custa nada dar uma espiada em algumas delas, para o caso de encontrá-las pelo caminho.

## Menino bom/menino mau

### Definição

O negociador está diante de dois interlocutores. Um faz o tipo gentil, bem-educado, aberto ao diálogo e parece claramente disposto a colaborar com o negociador (é o menino bom). O outro é grosseiro, crítico, contestador e não perde uma oportunidade de conturbar a negociação (é o menino mau). A falsa dualidade encobre uma técnica que consiste em fazer o negociador acreditar que o menino bom está determinado a ajudá-lo, desde que, é claro, ele se mostre disposto a fazer algumas concessões para aplacar os ânimos do menino mau. O menino bom se posiciona sempre como um mediador exemplar, a fim de levar o negociador a reconhecê-lo como única e forçosa via de diálogo possível.

## O que fazer

O negociador deve concentrar toda sua atenção no menino bom. Qualquer ameaça, insulto ou seja lá que tipo de artifício for usado para desestabilizá-lo deve ser ignorado pelo negociador. Quando o menino bom ativar sua técnica de recorrer ao aval do menino mau ou solicitar alguma concessão especial, cumpre ao negociador interceder educadamente de modo a pôr fim nessa farsa.

Negociador: "Então, o que acham da oferta?"

Menino mau: "Lixo, não vale nada."

Negociador: "Concorda com ele, sr. X?"

Menino bom: "Eu acho interessante. Mas, veja bem, preciso chegar a um meio-termo com ele, não é verdade?"

Negociador: "É mesmo? Por quê?"

# Fatores materiais

## Definição

O interlocutor cria um ambiente desfavorável para o negociador. E isso pode ir de um escritório visualmente poluído ou de uma cadeira bamba até um telefone que não para de tocar, um facho de luz irradiado no olho ou um ventinho gelado que escapa do ar-condicionado direto para o pescoço do negociador.

## O que fazer

Infelizmente, a maioria dos negociadores sofre as consequências dessa técnica sem ousar uma reclamação. Sua concentração é claramenente abalada pela *poluição* das condições materiais, mas ainda assim eles preferem ignorar a realidade. No entanto, essa desconcentração pode comprometer não só a condução da negociação, como a própria concretização do objetivo.

Convém ao negociador declarar verbalmente seu desconforto e explicar suas razões, a fim de que sejam tomadas providências para a restauração de condições mais aceitáveis. Mas sempre, é claro, mostrando o devido respeito pelo interlocutor.

> Negociador: "Seria possível trocar esta cadeira, por favor?"
>
> Interlocutor: "O que é que tem a cadeira? A cadeira é boa!"
>
> Negociador: "Ela está um pouco bamba e tem um pezinho aqui ameaçando sair. Não consigo me sentir confortável."
>
> Interlocutor: "Ora, o que é que eu vou fazer? Acho que nem há outra cadeira!"
>
> Negociador: "Perdão, e essa cadeira aí atrás do senhor?"
>
> Interlocutor: "Está certo, vou trocar de cadeira com o senhor, e quem sabe a gente consegue não atrasar esta reunião."
>
> Negociador: "Muito obrigado."

# Ataques pessoais

## Definição

Os ataques pessoais são chistes lançados, geralmente na abertura de uma reunião, como forma de inibir o negociador e assumir o comando da negociação. Sem uma resposta pronta, o negociador perde o rumo, e a parte contrária pode tirar proveito disso.

## O que fazer

Os ataques pessoais são desestabilizantes quanto à forma, mas no fundo não expressam grandes maldades. Consistem em provocações que tentam arrancar justificativas do negociador, normalmente remetendo a juízos de valor: características físicas, traços de personalidade, cultura empresarial, histórico da relação, etc.

Se tentar se justificar, o negociador perde. A parte contrária se aproveitará de seu embaraço para dominar a situação e achincalhar o negociador. Se responder com perspicácia, o negociador ganha e o jogo termina aí. As respostas devem ser bem-humoradas, mas sem nunca deixar o interlocutor em situação embaraçosa. Só a experiência pode proporcionar ao negociador o "jogo de cintura" necessário para responder aos mais diferentes tipos de ataque pessoal.

> Negociador: "Bom dia, senhores."
>
> Interlocutor 1: "Bom dia."
>
> Interlocutor 2: "O senhor não é jovem demais para conduzir esta negociação?"
>
> Negociador: "Não sei. Existe uma idade mínima obrigatória?"
>
> Interlocutor 1: "Bem, vamos sentar."

# Efeito Columbo

## Definição

O acordo foi alcançado e a negociação já está sendo fechada, quando de repente o interlocutor, lembrando o famoso detetive da série de TV, faz uma última pergunta sobre um tema que nunca esteve em pauta. Eis um elemento surpresa, típico da fase de fechamento, que pode desestabilizar o negociador, quem sabe arrancando dele uma última concessão, para não prolongar a discussão.

## O que fazer

Eis um dos raros casos em que se aconselha a não responder a uma pergunta, até para não dar lugar a considerações irracionais e explicações sem fim. Um modo de fazer isso é o negociador bater o pé, dizendo que, se for para tratar desse assunto, terá de recomeçar a negociação do zero. A técnica é particularmente eficaz ao término de negociações longas e muito cansativas.

> Negociador: "Estou feliz por termos chegado a este acordo."
>
> Interlocutor: "Eu também, é claro! Só espero que vocês não esqueçam de acrescentar aqueles 20 mil reais ao contrato."
>
> Negociador: "Como?"
>
> Interlocutor: "O senhor sabe... aqueles 20 mil reais, para agilizar a colocação em prática das inovações."
>
> Negociador: "Desculpe, não sei do que está falando."
>
> Interlocutor: "É verdade que nós não falamos disso, mas vai ficar difícil assinar sem aqueles 20 mil reais."
>
> Negociador: "Bem, se é assim o que eu posso fazer é propor que nós voltemos a nos sentar agora mesmo e examinemos tudo o que foi posto em pauta desde o início."
>
> Interlocutor: "Não, imagine! Não tenho tempo! Vamos assinar assim mesmo, mas não esqueçam que vocês têm uma dívida conosco."

# Instância superior

## Definição

Por meio desta técnica o interlocutor se afasta momentaneamente de um ponto de decisão, alegando a necessidade de falar com seu superior. A ideia é obter vantagens extras na retomada da negociação. Quando o negociador faz uma proposta satisfatória, o indivíduo deixa claro seu interesse, mas diz que, infelizmente, a decisão tem de ser tomada em instância superior. Na reunião seguinte, o indivíduo faz cara de quem só está transmitindo a decisão do patrão, e diz que seria necessário um esforço extra para aceitar a proposta nos termos em que foi apresentada. É uma maneira sutil de não se comprometer diretamente.

## O que fazer

Diante desse tipo de artifício, é importante que o negociador não se renda à irrevogabilidade da situação. Pelo contrário, deve agir de modo a envolver direta e pessoalmente o interlocutor, a fim de conter ulteriores demandas, provenientes dessa hipotética instância superior.

> Interlocutor: "Obrigado pela proposta. Vou submetê-la a meu diretor e falo com o senhor na sequência."
>
> Negociador: "Prefere que eu fale com seu diretor?"
>
> Interlocutor: "Não, quem fala com o senhor sou eu."
>
> Negociador: "Então me diga: o que acha da proposta?"

# O "salame"

## Definição

Frequentemente usada nas negociações de compra e venda, esta técnica consiste em desvalorizar a proposta do negociador. Como um salame, a proposta é "fatiada" até perder sua unidade. Usando de uma hábil manobra, o interlocutor tenta levar o negociador a ver sua própria proposta de um ponto de vista intencionalmente fragmentada e simplista.

## O que fazer

Diante dessa técnica, o perigo seria o negociador tentar justificar a pertinência de sua proposta nos termos em que foi "fatiada" e *depreciada* pela visão do outro. É importante o negociador se esquivar da perspectiva que o interlocutor quer impor, restituindo a proposta em seus termos iniciais, ou seja, como ela era antes de ter sido deturpada.

> Interlocutor: "Então sua proposta é de 60 mil reais?"
>
> Negociador: "Perfeitamente."
>
> Interlocutor: "Ridículo! Se eu tenho 256 lojas, isso dá exatamente 234,37 reais por loja. Não percebe? É ridículo!"
>
> Negociador: "Minha proposta precisa ser considerada em termos globais. Trata-se de uma quantia fixa, se o senhor preferir."

# Compra hipotética

## Definição

Aqui, a técnica consiste em acenar com um aumento do compromisso para tentar levar o negociador a revelar sua margem de manobra. Trata-se do famoso: "E se eu comprar mais, que desconto você pode me fazer?". A pergunta é capciosa e o negociador sabe disso.

## O que fazer

Diante de uma compra hipotética, o negociador, ciente de que a pergunta do interlocutor não corresponde à realidade, deve evitar uma resposta frontal. Convém fazer com que o interlocutor apresente fatos que corroborem seu interesse. Se este não for capaz de fazê-lo, ou revelar incoerência, o negociador deve agir de modo a reconduzi-lo aos termos da proposta original, ou seja, aquela realista.

> Interlocutor: "E se eu comprasse o dobro, que desconto o senhor me faria?"
>
> Negociador: "Acha que isso é viável?"
>
> Interlocutor: "Acho que sim."
>
> Negociador: "Com suas atuais limitações de estoque, como é que os senhores fariam?"

# Equívoco oportuno

## Definição

O equívoco oportuno é um blefe. O interlocutor apela para uma eventual desorganização do negociador a fim de provocar um mal-entendido, oportuno para si mesmo e prejudicial para o negociador. A desorganização pode se caracterizar tanto pela presença de documentos desordenados na mesa quanto pela falta de uma visão global, pela ausência de estrutura nas apresentações ou ainda pela ocorrência de lapsos frequentes de memória.

## O que fazer

Para não dar oportunidade ao equívoco, o negociador deve se habituar a tomar notas. Isso lhe permitirá não só manter um registro dos pontos-chave da negociação e consultá-los sempre que quiser, como também projetar uma imagem de profissional organizado e competente, que certamente limitará a incidência de mal-entendidos intencionais.

> Interlocutor: "E não se esqueça dos 10 mil reais que o senhor se comprometeu a incluir na proposta em nosso último encontro."
>
> Negociador: "Que 10 mil reais?"
>
> Interlocutor: "O senhor sabe muito bem. Não sou eu quem vai ficar lembrando o que o senhor deveria saber."
>
> Negociador (abrindo seu bloco de notas): "Com licença, senhor. Aqui estão todas as minhas notas sobre o que foi tratado na última reunião, e não encontro absolutamente nada sobre esses 10 mil reais. O senhor pode consultá-las se quiser."
>
> Interlocutor: "Não tenho tempo para isso. Vamos em frente."

# Comparação com a concorrência

## Definição

Com o objetivo de desvalorizar a proposta do negociador ou de obter condições mais vantajosas, o interlocutor compara abertamente a proposta com a da concorrência. Tanto pode blefar como dizer a verdade.

## O que fazer

Diante desta técnica é melhor jogar o jogo do adversário. Qualquer tentativa de desvio – para escapar do assunto – pode levar o interlocutor a enrijecer sua posição, convencido de que continuar essa conversa não vai levar a nada. Para se defender de uma reação desse tipo, o negociador deve proceder a uma minuciosa análise da oferta do seu concorrente.

> Interlocutor: "O quê? O senhor não sabe que seus concorrentes me oferecem 10% de desconto?"
>
> Negociador: "Verdade, mas, tirando o preço, que outras condições eles lhe oferecem?"
>
> Interlocutor: "Exatamente as mesmas que vocês!"
>
> Negociador: "E quais são?"

# Intimidações marginais

## Definição

As intimidações marginais reúnem as mais diversas técnicas voltadas para intensificar a pressão sobre o negociador. Nesse caso, em particular, o negociador já sabe que elas não podem exercer senão um impacto marginal no curso da negociação.

## O que fazer

Diante deste tipo de técnica, convém antes de tudo não criar situações que possam humilhar a parte contrária. Um erro consistiria, por exemplo, em desafiar o interlocutor a pôr sua ameaça em prática. Para evitar situações assim, o negociador deve chamar expressamente a atenção do interlocutor para a responsabilidade dele, mas sempre realçando seu papel decisório. Esse método permite não só reverter a pressão, como também afastar elegantemente as intimidações de fôlego curto.

> Interlocutor: "Definitivamente, não posso concordar com sua proposta."
>
> Negociador: "Pode me dizer por quê, por favor?"
>
> Interlocutor: "Já lhe disse uma porção de vezes. Se o senhor não revir sua posição, não vamos mais trabalhar com sua empresa."
>
> Négociador: "Com todo o respeito, só posso lhe dizer que esta é uma decisão que compete única e exclusivamente ao senhor. Agora..."

# CONCLUSÃO

A AMBIÇÃO DESTE TRABALHO ATENDE A UM objetivo conscientemente exposto na introdução: fornecer aos negociadores ferramentas eficazes para gerenciar a complexidade sem sofrimento. Depois de ler estas últimas linhas e de ter percorrido na íntegra este manual, você será o único juiz acerca da pertinência dos conselhos aqui reunidos, aplicando-os em suas negociações diárias. E aí, é claro, você pode escrever a própria conclusão.

Seria pretensioso de minha parte dizer que todos os domínios da complexidade foram cobertos aqui de forma exaustiva. Não somente não é este o objetivo desta compilação, mais concebida como um trabalho introdutório e metodológico, como também considero que a complexidade não tem limites, senão os que encontra nos seres humanos. E como cada indivíduo é um ser único, semelhante e diferente dos outros em todos os aspectos, a complexidade não passaria de uma nuvem em constante movimento, animada por forças psicológicas singulares.

Um capítulo inteiro não teria sido suficiente para tratar das contribuições do fator humano, que atua ao mesmo tempo como agente de complexidade, portador de significado e vetor de informações nas negociações. Refiro-me à chamada *leitura comportamental*, termo bárbaro que utilizo para assinalar e decodificar os sinais verbais, paraverbais e não verbais do interlocutor; à *gestão de emoções*, do negociador e da parte contrária, a fim de compreender e corrigir os mecanismos que levam a comportamentos atípicos; e, finalmente, às *técnicas avançadas de comunicação de influência*, em sua maioria derivadas dos meios clínicos e terapêuticos, e cujo uso competente permite estabelecer relações com portadores de perfis particularmente difíceis.

Meu próximo livro, atualmente em preparação, será inteiramente dedicado aos domínios da psicologia no campo da negociação complexa.

# BIBLIOGRAFIA

ADLER, Alfred. *Connaissance de l'homme: étude de caractérologie individuelle*. Paris: Payot, 1949.

AUDEBERT, Patrick. *La négociation*. Paris: Éditions d'Organisation, 2000.

CAHEN, Philippe. *Signaux faibles*. Paris: Eyrolles, 2011.

CAUPENNE, Christophe. *Négociateur au RAID*. Paris: Le Cherche-Midi, 2009.

COMBALBERT, Laurent. *Négocier en situations complexes*. Paris: ESF, 2012.

DUPONT, Christophe. *La négociation*. Paris: Dalloz, 1994.

FELINE, A.; GUELFI, J.-D. & HARDY, P. *Les Troubles de la personnalité*. Paris: Flammarion Médecine-Sciences, 2002.

FISHER, Roger & URY, William. *Getting to Yes*. Boston: Houghton Mifflin, 1981.

HALL, Edward T. & HALL, Mildred R. *Understanding Cultural Differences – Germans, French and Americans*. Boston: Intercultural Press, 1990.

HALL, Edward T. *La dimension cachée*. Paris: Seuil, 1984.

HALL, Edward T. *Le langage silencieux*. Paris: Seuil, 1971.

KOHLRIESER, George. *Négociations sensibles*. Paris: Pearson/Village Mondial, 2007.

LEWIN, Kurt. "Frontiers in Group Dynamics." Em *Human Relations*, vol. 1, nº 1, junho de 1947.

LEWIN, Kurt. *Resolving Social Conflicts*. Nova York: Harper and Row Publishers, 1948.

MERTON, Robert K. *Social Theory and Social Structure*. Nova York: Free Press, 1949.

MOLES, Abraham & ROHMER, Elisabeth. *Psychologie de l'espace*. Paris: Casterman, 1972.

NIERENBERG, Gerald & CALERO, Henry. *The New Art of Negociating*. Nova York: Square One Publishers, 2009.

PINET, Angelique. *The Negotiation Phrase Book*. Avon: Adams Media, 2011.

PINK, Daniel H. *Drive: The Surprising Truth About What Motivates Us*. Nova York: Riverhead Books, 2009.

PINK, Daniel H. *La vérité sur ce qui nous motive*. Paris: Leduc.s, 2011.

ROGERS, Carl. "The clinical psychologist's approach to personality problems". Em *The Family*, nº 18, 1938.

ROGERS, Carl. *La relation d'aide et la psychothérapie*. Paris: ESF, 1994 (1942).

ROSENTHAL, Robert & JACOBSON, Lenore F. "Teacher Expectations for the Disadvantaged". Em *Scientific American*, vol. 218, nº 4, abril de 1968.

SARTRE, Jean-Paul. *Huis clos*. Paris: Gallimard, 1947.

SCHNEIDER, Kurt. *Les personnalités psychopathiques*. Paris: PUF, 1955.

TZU, Sun. *A arte da guerra*. Porto Alegre: L&PM, 2006 (século VI).

# ÍNDICE REMISSIVO

## A

acordo 120
adaptabilidade 36
ameaça 18, 47, 66, 76, 82-83, 97, 124-128, 135, 145, 164, 174
    defensiva 124
    frontal 124
    incondicional 125
    velada 125
análise de contextos 56
apropriação 42, 53, 55
argumentação 49-50
assertividade 39, 60
ataque pessoal 166-167
atitude positiva 93, 112
autocontrole 32, 153
autonomia 41

## B

blefe, 18, 130, 172, 173
bom senso 35

## C

chantagem 18, 76, 153

concorrência 72, 173

condicionamento 36-37

conflito 25-30, 34, 39, 45-47, 54, 57-60, 77, 81, 85-88, 93, 106-108, 118, 139, 142, 163

compra hipotética 171

compromisso 121

confronto 89, 127

contato

auditivo 91

visual 88

contexto

espacial 57

expressivo 58

físico 57

relacional 58

temporal 57

coopetição 15

criatividade 33

## D

demanda irracional 116, 143-145

desenvolvimento 41

dissociação 38-39

## E

eco 101

efeito Columbo 167

efeito Pigmaleão 37

ego 18, 23, 28, 32, 33, 47, 108, 119-120, 123, 128, 135-146

emoção 32, 39, 104-106, 132, 152-154, 176

empatia 28, 32, 39, 60, 97-98, 106, 117, 140, 146, 153

endosso 102

equívoco oportuno 172

escala de domínio 42-44

"esperar para ver" 27

espírito de equipe 39

estratégia 46-47, 71-73, 77-84, 160-161

evitação 27

experiência 35, 41, 44, 110, 115, 167

extravasamento emocional 18, 98, 140-142, 145

    expansivo 141-142

    introspectivo 141-142

## F

fatores motivacionais 40

fluência verbal 34

fuga 27

FOFA (análise) *ver* SWOT

## G

guerra de posições 49-50, 139

## H

hipnose ericksoniana 26, 38

humildade 33

## I

Identificação com o objetivo 42

influência 92

insulto 18, 132-136, 164

    defensivo 132

    ofensivo 133

interesse 63-64, 64-66, 68-70, 81, 87

intimidações marginais 174

intuição 35, 109

instância superior 169

## J

jogo de posições 106-107

## L

lei 29, 76
leitura comportamental 54
linguagem
    paraverbal 92
    verbal 91
litígio 24, 28, 34, 62-63, 79, 116, 142
lógica 35

## M

má-fé 18, 93, 139
manipulação 18, 135, 153
"mas" 113-114
mediação 25, 28
menino bom/menino mau 163
mentira 18, 52, 136-138
motivação 62-66, 115, 123
multiplicidade de interlocutores 147

## N

negociações impossíveis 160-161
"não" 114-115

## O

objetivo 63, 65-66, 67-68, 70, 77, 81, 120, 147
organograma 59
otimismo 38

## P

paráfrase 99-100
parâmetros de negociação 55, 66-67

passagem forçada 28

perguntas
  abertas 102-103
  fechadas 118

personalidade
  anancástica 154
  dissocial 154
  histriônica 152
  narcisista 153
  paranoica 151
  patólogica 150
  esquizoide 152
  esquizotípica 155

pirâmide de Maslow 64-65

posição 49-51, 62-66, 84, 86, 106-107, 117, 127
  alta 84, 107, 108, 114, 127-128, 133
  baixa 84, 107, 109, 127-128
  intermediária 107

posicionamento 79-80

poder
  carismático 73, 85
  funcional 75
  hierárquico 74
  institucional 75
  radical 75

ponto de ruptura 66-67, 69-70

predicados negativos 111-112

preparação 54

profecia autorrealizável 37

proxemia 89-91

## Q

quadro de referência 115-117, 132, 143, 155

questionamento 49

## R

recusa em negociar 156-158
referencial PREPA 55
reflexo 101
reformulação 100
relação de forças 51, 71, 85, 107-108, 125, 160-161
resiliência 34

## S

significado 42, 97, 113
silêncio 102, 118
"sim" 113
sincronização
  física 98
  verbal 99
sociograma 59-61, 148
soluções inovadoras 86-87
submissão 27
SWOT (análise) 82

## T

tática 55, 78, 84, 107, 157
técnica do "salame" 170
tomador de decisão 40, 46-47, 82
tratamento formal 103

## U

ultimato 18, 47, 76, 84, 103, 108, 128-132
  temporal 129
último aviso 129

## V

venda 24, 163, 170